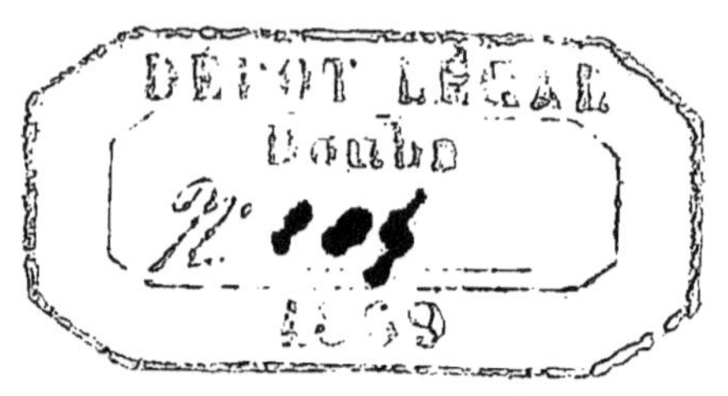

ESSAI

SUR

LE LIBÉRALISME

ESSAI

SUR

LE LIBÉRALISME

EN RÉPONSE AUX LIBÉRAUX CATHOLIQUES

ET AUX LIBÉRAUX NON CATHOLIQUES

PAR

M. L'ABBÉ BOISSON

Ancien Curé de Borey, retiré à Vesoul

BESANÇON

TURBERGUE, LIBRAIRE-ÉDITEUR

33, RUE SAINT-VINCENT, 33

—

1869

AVERTISSEMENT.

J'étais encore curé, l'état de ma santé ne m'avait pas encore fait une nécessité de quitter ma paroisse, lorsque j'ai jeté sur le papier les réflexions qu'on va lire. Profondément affligé de certaines opinions hardies, émises et développées au congrès de Malines par quelques hommes éminents, qui jusque-là s'étaient montrés bien réservés et bien dociles à la voix de l'Eglise et de son chef, je n'ai pu résister à la tentation d'exprimer la peine que m'avaient causée ces discours, et de les combattre, malgré mon obscurité, persuadé que la vérité a toujours de la force, même dans la bouche d'un homme peu capable de lui donner par lui-même de l'autorité. J'ai pensé que je pourrais être utile à quelques-uns de mes frères, affligés et scandalisés comme moi de ces discours. Cependant, la prudence m'avait fait jusqu'ici garder le silence ; mais comme les auteurs de ces discours persistent avec plus d'opiniâtreté que jamais dans leurs opinions, je crois devoir publier mes réflexions.

J'ai jugé à propos de faire suivre ces réflexions de quelques autres, destinées à combattre le rationalisme moderne, qui fait tant de ravages aujourd'hui parmi nous et qui tend à y détruire la croyance aux vérités les plus essentielles, qui sont et qui ont été partout et toujours la base de la société.

A MES CONCITOYENS.

C'est du bord de la tombe que je vous adresse ces réflexions; je les ai rédigées en envisageant les choses comme un chrétien doit les envisager sur le seuil de l'éternité, à la veille de paraître devant Dieu. Dans de telles circonstances et avec de telles dispositions d'esprit, qu'on est loin des pensées qu'inspirent les intérêts de la terre et les préoccupations des partis! Mon unique ambition et le plus ardent de tous mes désirs, c'est de vous voir prendre la route du vrai bonheur. Or, ce n'est point en la cherchant loin de Dieu que vous la trouverez; le grand Maître, Celui qui est descendu du ciel pour nous en montrer le chemin nous l'a indiqué par ce peu de mots : *Cherchez avant tout le royaume de Dieu et sa justice, et le reste vous sera donné par surcroît.* Déjà depuis trop longtemps, une foule de politiques, qui se donnent pour habiles, et en général la plupart des gouvernements de nos jours, qui croient pouvoir se passer de Dieu pour conduire les hommes, semblent lui dire, suivant la pensée de notre illustre de Maistre : « Nous ne voulons plus de vous : retirez-vous de nos lois, retirez-vous de nos assemblées, de nos académies, de nos écoles; nous saurons bien faire arriver sans vous les hommes et la société à la civilisation, aux progrès, au bonheur. »

Pour se venger de ces insensés, Dieu n'a qu'à leur dire : *Eh bien, faites!* et ils ne font que le chaos; non, ils ne font que le chaos, surtout depuis près de cent ans; ils n'enfantent que la démoralisation et la misère; ils font naître et entassent dans les âmes des cupidités insatiables, source de jalousies et de haines implacables entre les riches et les pauvres, qui sont sur le point de se jeter avec fureur les uns sur les autres pour s'arracher les biens de la terre et faire, comme ils l'entendent, leur paradis en ce monde ; mais, hélas ! c'est l'enfer qu'ils vont y transporter, en se livrant à des scènes épouvantables de désordre, à des massacres même, comme peut-être on n'en a point vu jusqu'ici et dont les récentes déclamations furibondes des réunions publiques nous donnent d'avance comme le programme. Telles sont les conséquences naturelles et nécessaires de l'athéisme, du scepticisme, du matérialisme, du socialisme et du communisme. Ah ! revenons, mes frères, revenons au Dieu de l'Evangile : il est le Dieu de la paix, lui seul peut nous la donner ; il nous la donnera en réconciliant les riches avec les pauvres, en mettant en honneur la sainte pauvreté, c'est-à-dire le détachement des biens terrestres, en apprenant aux riches qu'ils ne sont que les économes de Dieu, dans l'intérêt des pauvres, à qui appartient le superflu ; il apprendra même à ces riches qu'ils ne peuvent espérer arriver au ciel qu'en étant pauvres d'esprit, c'est-à-dire détachés de leurs richesses ; enfin il donnera la paix, en apprenant aux pauvres à trouver la joie et le bonheur, même souvent mieux que les riches, dans l'amour du travail, dans la modération des désirs, dans la patience et dans la reconnaissance envers leurs bienfaiteurs. C'est ainsi que la société redeviendrait en quelque sorte, comme à l'origine du christianisme, une famille de frères, où il n'y aurait pour bien dire plus ni riches ni pauvres, et dont on pourrait dire encore : *Voyez comme ils s'aiment.* Ah ! qu'il en soit ainsi, c'est ce que je désire de toute mon âme, c'est ce que je demande à Dieu de tout mon cœur !

I

AUX LIBÉRAUX CATHOLIQUES.

Les catholiques libéraux aiment tant la liberté, ils la demandent si large pour tous les Français, qu'ils ne trouveront pas mauvais, je pense, qu'un obscur curé de campagne use de cette liberté pour leur faire quelques observations au sujet des discours prononcés à Malines. Ces messieurs ont pu déjà s'apercevoir que beaucoup de catholiques, qui trouvent ce nom de catholique assez beau pour ne point y ajouter d'épithètes politiques, s'étonnent de voir y joindre celle de libéral; ils s'affligent aussi de ce qu'on paraît plus compter, pour le triomphe de la religion, sur une forme politique et sur la docilité des pasteurs de l'Eglise aux maximes de la sagesse moderne, que sur leur foi à la parole de Dieu et à l'assistance promise aux souverains pontifes. Comme curé de campagne, j'ai demandé souvent à mes enfants au catéchisme de me dire quel est le moyen le plus sûr et le plus facile pour ne pas errer dans la foi, pour en conserver l'unité; ils m'ont toujours imperturbablement répondu que c'est de s'attacher à la doctrine enseignée par le successeur de saint Pierre. Je m'étonne que les savants catholiques soient plus embarrassés que ces enfants, et que la soumission au chef de l'Eglise ne leur suffise pas, si elle est en opposition avec les prétendus progrès de notre temps et les immortels principes de 89, de date récente.

Mais je me trompe; les savants catholiques libéraux ont répondu comme les enfants au catéchisme, en adhérant sur le champ et sans réserve à l'encyclique de Pie IX et au *Syllabus;* seulement, dès le lendemain de leur apparente soumission, ils ont repris leur polémique en faveur des libertés modernes, notamment en faveur de la liberté de la presse et de la liberté de discussion. Cependant Grégoire XVI avait déjà, dans une encyclique mémorable, appelé la liberté de la presse le *puits de l'abîme*, et Pie IX tout récemment l'a condamnée non moins formellement. Jamais l'Eglise, divinement instituée, juge infaillible en matière de religion et de morale, n'a laissé sans contrôle la pensée humaine. Peut-il donc y avoir contradiction plus flagrante que celle qui existe entre l'opinion des catholiques libéraux sur la liberté de la presse et l'enseignement invariable de l'Eglise ?

Avec bien d'autres, je m'afflige profondément de cette contradiction. Je m'en afflige comme ancien admirateur d'hommes éminents, qui ont rendu autrefois de grands services à l'Eglise, et qui aujourd'hui, en soutenant les opinions qu'elle condamne, peuvent lui faire plus de mal encore qu'ils ne lui ont fait de bien. Je m'en afflige comme pasteur, parce que nos peuples, loin d'être édifiés par cette lutte, pourront en être grandement scandalisés, en voyant la division introduite dans le sein de l'Eglise, et des catholiques éclairés prétendant ramener dans le chemin de la vérité et du salut le guide infaillible du troupeau, ainsi que les évêques en communion avec lui. Toujours les opinions particulières, nouvelles et opiniâtres ont donné naissance aux schismes et aux hérésies.

Après ce préambule que les circonstances m'ont inspiré, je traiterai la question de la liberté de la presse, soit en la considérant en elle-même, soit en répondant aux prétextes que ses partisans apportent pour la justifier, notamment à ceux qu'ils ont mis en avant au congrès de Malines ; je réfuterai aussi les objections que l'on fait contre la répression des abus de cette liberté.

En envisageant d'abord la question sous le point de vue philosophique, auquel ces messieurs paraissent attacher tant d'importance, je dis qu'en soutenant la liberté illimitée de la presse, la liberté entière de discussion en tout et sur tout, on renverse par la base toute philosophie, on rend impossible tout raisonnement et toute discussion ; en effet, l'art du raisonnement consiste à partir de principes certains, admis par tout le monde, ou qui doivent l'être, et à en tirer des conséquences rigoureuses ; or, si tout est discutable et peut être mis en question, rien ne peut être démontré. De quel point en effet partir pour arriver à une conséquence ? A quoi bon discuter, si on ne s'accorde sur rien ? On pourra se disputer, mais non discuter sur quoi que ce soit. Sur quoi s'appuyer, si même les axiômes, les principes de gros bon sens sont contestés ? Il faudra donc tout prouver, même ce qui sert de preuve à tout ; et nous voilà à reculons jusqu'à l'infini, disait le sceptique Montaigne lui-même.

Mais, direz-vous, nous ne nions pas l'autorité irréfragable des premiers principes ; c'est même sur eux que nous prétendons nous appuyer pour combattre nos adversaires. Nous vous répondrons : croyez-vous que ces premiers principes, qui vous paraissent évidents et incontestables, paraissent tels à vos adversaires ? Vous avez votre raison, diront ceux-ci, et nous avons la nôtre ; vous avez vos axiômes, et nous avons les nôtres. Quelqu'un a dit : je me fais fort de faire admettre au premier venu les plus grandes absurdités, en les lui répétant tous les jours à son déjeuner. L'expérience est faite par tous les journaux irréligieux et soi-disant libéraux. De bonne foi, messieurs les catholiques libéraux, croyez-vous que tous les journaux religieux, y compris le *Correspondant,* fassent autant de bien que font de mal les journaux impies ou immoraux qu'en fait à lui seul le *Siècle ?* Jugez-en par le nombre des abonnés ; par tous vos écrits, malgré votre mérite et vos talents, je soutiens que vous êtes loin d'opérer, pour le salut de la société, autant de bons résultats que les mauvaises publications, qui pullulent de nos jours, en produisent de funestes pour sa ruine. Les bons écrits ne sont guère lus que par les hommes religieux, ou au moins honnêtes, et, en général, vous prêchez des convertis ; tout au plus guérissez-vous de temps en temps quelques âmes malades, et ramenez-vous quelques hommes prévenus et égarés plutôt que pervertis. C'est sans doute toujours un grand bien et une œuvre de zèle des plus importantes, qu'il faut continuer avec courage ; mais de même que, dans l'intérêt de la société, un gouvernement prudent ne laisserait pas circuler librement les poisons, sous prétexte que quelques personnes pourraient prendre du contre-poison, de même, à plus forte raison, un gouvernement sage ne devrait pas laisser se répandre en toute liberté des poisons bien autrement funestes qui tuent les âmes. Oserait-il se tranquilliser sous prétexte que quelques individus pourront rencontrer du contre-poison dans la lecture d'un bon livre? Ah! les libéraux catholiques me semblent bien trop oublier le premier des mystères chrétiens qui regardent l'homme, le péché originel, ce mystère qui, au jugement de Pascal, en explique tant d'autres; ils oublient bien trop même le *nitimur in velitum* des anciens, qui est chez les gentils comme un écho de tradition sur la chute de l'homme et sur ses suites. L'Eglise, bien plus sage que nos savants, même religieux, et qui connaît bien mieux qu'eux la nature humaine et sa faiblesse, n'accorde à ses enfants que la liberté qu'ils peuvent porter et dont ils ne sont pas trop exposés à abuser pour leur perte, comme une bonne mère qui ne laisserait pas entre les mains de ses enfants une arme dangereuse qui pourrait les blesser.

Mais, direz-vous encore, si nous n'accordons pas la liberté de l'erreur et du mal, on ne nous accordera pas celle de la vérité et du bien. Cette liberté, on ne la demande pas aux hommes, on la prend quand ils la refusent; c'est ce qu'ont fait les apôtres et les premiers chrétiens, ainsi que les hommes apostoliques et les chrétiens fervents, dans tous les temps. La vraie manière de soutenir la bonne liberté, c'est de proscrire la mauvaise, qui mène fatalement à l'anarchie ou au despotisme. Cette interdiction de la mauvaise liberté, au moins en principe, l'Eglise l'a toujours prononcée et la prononcera toujours; elle ne peut pas agir autrement, car la tolérance, en pareil cas, ne ferait que favoriser la confusion du bien et du mal, et pousser les peuples à l'indifférence et au scepticisme.

Voulez-vous, dira-t-on, nous ramener l'inquisition? Proscrire l'erreur, proclamer la vérité en religion et en morale, est-ce donc, de la part de l'Eglise, ramener l'inquisition? Fait-elle en cela autre chose que remplir un devoir rigoureux, puisque Jésus-Christ l'a établie principalement pour cela? Dans ce sens, l'inquisition a toujours existé à Rome, et elle y existera toujours. D'ailleurs, l'inquisition romaine, comme l'a démontré l'illustre de Maistre, est le plus doux des tribunaux. Nous n'avons point à justifier l'inquisition espagnole de ses torts, qui sont ceux des rois et non pas ceux de l'Eglise, qui s'en est souvent plaint par l'organe de ses pontifes. Au reste, on serait peut-être très-embarrassé de prouver que ce tribunal, malgré ses excès, n'a pas préservé l'Espagne de plus de maux qu'il ne lui en a faits. Voltaire lui-même a observé que tandis que le sang coulait à flots dans une grande partie de l'Europe, l'Espagne était tranquille chez elle.

De plus, de ce que quelques souverains ont gravement abusé des lois répressives; de ce que, emportés par un zèle mal entendu et contraire au véritable esprit de la religion, ils ont persécuté en son nom, et peut-être même se sont couverts de son manteau pour satisfaire des vues cupides et ambitieuses, est-ce à dire pour cela qu'il ne doit jamais y avoir de lois répressives? Pourrait-on en conclure qu'un gouvernement sage ne doit pas protéger la religion, surtout une religion aussi parfaite et aussi propre à procurer le bonheur des peuples que la religion catholique? Est-ce à dire que ce ne soit pas le devoir de ce gouvernement d'empêcher qu'on ne déverse journellement sur la religion de l'Etat, ou de la majorité des citoyens, le ridicule, l'outrage, la calomnie, ce qui est la principale occupation d'une multitude d'écrivains?

Voulez-vous donc, direz-vous encore, que, comme dans les anciens temps, le souverain se fasse l'évêque du dehors? Non, l'Eglise elle-même ne le demanderait pas de nos jours; plus sage que les hommes, elle sait parfaitement distinguer l'état et la situation des esprits; elle n'interdit pas, elle n'a même jamais interdit une discussion calme et sérieuse des titres de la religion à la croyance des hommes : elle réclame plutôt cette discussion, cet examen, que ses adversaires seuls redoutent; ce qu'elle réprouve, et ce que doit réprouver avec elle toute âme honnête, c'est l'emploi de moyens déloyaux et iniques.

De deux choses l'une : ou une nation a le bonheur de posséder encore l'unité de la foi et la profession universelle de la vraie religion, ou cette unité de croyance est détruite et remplacée par des opinions diverses. Dans ce dernier cas, l'Eglise est bien éloignée de demander l'intervention de la puissance séculière pour ramener à l'unité de foi les populations qui s'en sont écartées, car elle sait que cette intervention serait souvent plus funeste qu'utile ; elle sait que ce n'est qu'en instruisant, en éclairant les esprits, en édifiant les âmes, qu'on peut les convertir : cette tâche est la sienne, et jamais elle ne voudrait la céder à la puissance temporelle, incapable de la remplir. Mais l'Eglise regarde comme un devoir rigoureux pour un gouvernement qui se trouve à la tête d'une nation qui a le malheur de ne plus posséder l'unité de la foi, la croyance à la vraie religion, elle regarde, disons-nous, comme un devoir pour ce gouvernement de ne point laisser attaquer les verités fondamentales de la religion naturelle, restes précieux et plus ou moins considérables de la révélation primitive, et qui sont d'accord avec le fond même de notre raison. Un gouvernement ne peut laisser combattre et détruire ces vérités de la religion naturelle, sans laisser par là même ruiner la base de toutes ses autres lois, sans laisser tomber son peuple dans la barbarie et la démoralisation la plus profonde. Il ne faut pas, de nos jours, descendre au-dessous des nations païennes, qui, au moins dans leurs beaux temps, n'auraient pas laissé ébranler ces vérités essentielles, sauvegarde de tout ordre et de toute civilisation. Un peuple qui conserve du respect pour ces vérités élémentaires de la religion et de la morale, est bien moins difficile à ramener à la vérité entière, et pourra la reconquérir par le bon usage de la portion de vérité qu'il aura connue ; les âmes droites surtout et de bonne foi, dans une telle nation, par les bonnes dispositions de leur cœur, appartiennent à l'âme de l'Eglise, et seront jugées par un Dieu miséricordieux plus favorablement que les mauvais catholiques qui, dans le sein même de l'Eglise, auront volontairement fermé les yeux aux vérités si belles dont elle nourrit ses enfants.

Dans la première supposition que j'ai faite, c'est-à-dire si une nation a le bonheur de conserver encore l'unité de foi et la profession unanime de la vrai religion, un gouvernement sage non-seulement pourra, mais devra faire tous ses efforts pour empêcher tout ce qui pourrait briser cette unité si précieuse, que d'illustres protestants, tels que Leibnitz, Cuvier et bien d'autres, ont regrettée, déplorant les funestes divisions et les maux de toute espèce qu'a amenés à sa suite la perte de l'unité de foi. Un gouvernement qui est à la tête d'une nation assez heureuse pour professer la vraie religion, le catholicisme, a donc au moins autant de droit d'empêcher les attaques dirigées contre lui, que les autres gouvernements, qui commandent à des nations non catholiques, en ont de défendre la religion naturelle.

En effet, il est plus facile de démontrer rigoureusement la certitude absolue de la religion catholique, que de démontrer, avec la seule raison, la religion naturelle (V. note 1). La certitude de la religion catholique repose sur une multitude de faits miraculeux, éclatants et publics, qu'on ne pourrait nier qu'en niant toute certitude historique et en tombant dans le scepticisme universel, qui est la ruine de la société et de la raison. Il suffit du gros bon sens et du simple sens commun, pour se convaincre de la divinité de Jésus-Christ, et par conséquent de la divinité de son œuvre principale, la fondation et la perpétuité de son Eglise, fondation et perpétuité qui sont d'ailleurs par elles-mêmes le plus grand des miracles et la preuve la plus évidente de la divinité de cette Eglise. La certitude du catholicisme repose encore sur une multitude de preuves morales de la plus grande force, et pour l'appréciation desquelles il suffit d'avoir du cœur. C'est ce qui a fait dire à La Bruyère : « Si ma religion me trompait, je pourrais dire : Seigneur, c'est vous qui m'avez trompé, car le piége était si bien tendu qu'il était impossible de ne pas donner tout au travers. »

La certitude de la religion naturelle est bien moins facile à démontrer ; car elle aussi renferme des mystères et bien des points de doctrine tout-à-fait impénétrables à notre faible intelligence, tels que la nature et les perfections de Dieu, la spiritualité et l'immortalité de l'âme, les devoirs que Dieu nous impose, les destinées qu'il nous réserve. Pour avoir une certitude absolue sur tous ces points, il nous faut la parole de Dieu ; car Dieu seul se connaît bien lui-même, et peut seul se bien faire connaître ; seul, il connaît bien l'homme qu'il a formé, les devoirs qu'il lui impose, les destinées qu'il lui réserve. Voilà pourquoi les philosophes qui n'ont point écouté les leçons de la révélation, ont donné dans tant d'erreurs. Sans doute la religion catholique a ses mystères, et précisément parce qu'elle est vraie elle ne peut pas ne pas en avoir ; car comment, en nous parlant de Dieu et de l'ordre surnaturel, pourrait-elle ne pas proposer à notre foi des mystères, puisque la nature elle-même en est pleine, et que, comme l'a dit Pascal, *nous ne connaissons le tout de rien ;* mais ces mystères nous les croyons sur la parole de Dieu, qui les a certainement révélés ; d'ailleurs, comme on l'a dit souvent, ces mystères en expliquent bien d'autres plus incompréhensibles ; cela est si vrai, que c'est surtout leur négation qui conduit nos libres penseurs à des assertions qui ne sont pas seulement au-dessus de la raison, mais tout-à-fait contraires à la raison, à des absurdités palpables, à des impossibilités, comme l'a si bien démontré l'illustre évêque d'Arras ; on l'a dit : pour un esprit qui raisonne et qui est conséquent, il n'y a point de milieu entre le catholicisme et l'athéisme.

La religion catholique est donc appuyée sur une certitude absolue bien plus éclatante que la religion naturelle. Cependant, nous l'avons dit, un gouvernement qui est à la tête d'une nation qui n'est pas catholique, est obligé de prohiber les publications contraires à la loi naturelle, telle que nous l'ont transmise les siècles, et non point telle que la font, ou plutôt la défont, tant d'écrivains ennemis de toute religion et de toute morale. Faute d'une autorité plus claire et plus sûre, ce gouvernement est obligé de s'en tenir au témoignage de la tradition des peuples civilisés, dont la voix doit faire taire celle des impies. Mais si le gouvernement d'une nation non catholique est obligé de défendre les principes de la loi naturelle, et cela sous peine de voir la société s'abîmer dans la barbarie et la démoralisation, sous peine de voir bientôt son peuple devenir ingouvernable, combien à plus forte raison le gouvernement d'une nation encore toute catholique a le droit d'empêcher ce qui tendrait à détruire l'unité religieuse et à renverser le catholicisme, qui d'ailleurs soutient mieux qu'aucun autre culte la religion naturelle, et qui, par l'enseignement des vérités évangéliques, est si propre à conduire une nation à la vraie et parfaite civilisation. Il résulte de ce que nous venons de dire que le gouvernement d'une nation entièrement catholique est en droit de repousser toute religion nouvelle; car une religion, par cela seul qu'elle est nouvelle, est manifestement fausse. De même des enseignements purement philosophiques et contraires à la révélation devraient non moins évidemment être repoussés; car, comme l'a dit encore Pascal, la philosophie séparée de la religion ne vaut pas un quart-d'heure de peine. Tertullien avait déjà défini ainsi la philosophie : « C'est l'art de chercher sans cesse la vérité et de ne la trouver jamais : » *Ars semper inquirendi, et nunquam inveniendi veritatem;* définition bien justifiée par l'expérience.

Sous un autre rapport, le gouvernement d'une nation qui professe entièrement et universellement la religion catholique a le droit, et par conséquent le devoir, de s'opposer à toute manifestation qui serait de nature à détruire l'unité de foi dont cette nation sent tout le prix. Si parmi ce peuple se trouvaient quelques individus qui n'eussent pas la foi, on ne leur dirait pas croyez, on ne les forcerait pas à croire; l'Eglise elle-même enseigne que la foi, comme toutes les autres vertus, pour être agréable à Dieu, pour être une vertu véritable, doit être volontaire. On dirait donc à ces incrédules : croyez ou ne croyez pas, cela vous regarde; mais ne manifestez rien de contraire à notre croyance, dont nous sommes absolument certains. C'est notre bien, celui auquel nous tenons le plus, nous en sommes les possesseurs légitimes; elle nous est plus chère que notre vie, et nous nous la laisserions bien moins ravir que nous ne nous laisserions enlever nos propriétés par les communistes. Que pourrait-on opposer à cette expression de la volonté de la majorité d'un peuple, surtout dans un siècle comme le nôtre, où l'on accorde la toute-puissance aux majorités, souvent dans des cas où ces majorités sont loin d'avoir pour elles la vérité et la justice, comme dans le cas qui nous occupe?

Les libéraux catholiques demandent la liberté illimitée de la presse pour tous les écrits et les journaux matérialistes, athées, socialistes, positivistes, sceptiques, etc., puisqu'ils demandent la liberté comme en Belgique ; c'est-à-dire qu'ils veulent laisser attaquer journellement tous les principes fondamentaux de la raison humaine et de la religion naturelle, aussi bien que les vérités de la religion catholique. Eh bien ! je demande de nouveau à ces messieurs comment ils peuvent espérer que des doctrines aussi subversives de tout ordre et de toute religion soient ainsi sans cesse répandues parmi les peuples, sans les pervertir profondément. La révolution française a été principalement le résultat des productions impies des libres penseurs du dix-huitième siècle, des Voltaire, des Rousseau, des d'Alembert, etc. Leur éloge était sans cesse dans la bouche des orateurs révolutionnaires, qui citaient à chaque instant leurs noms et leurs écrits.

Non, ce n'est point le vrai peuple de France qui s'est rendu coupable des horreurs de la révolution ; ce vrai peuple (et c'était la grande majorité de la nation) en a été au contraire victime : il était encore très-attaché à la religion, et il a souffert pour elle ; il aurait voulu seulement de sages réformes, exécutées avec calme, comme il le demandait dans ses cahiers de doléance. Il demandait en particulier le retranchement de certains abus, restes d'un ordre de choses qui était tombé en désuétude, abus qui avaient pour cause surtout les désordres d'une cour corrompue et d'une noblesse dégénérée. Mais les meneurs de la révolution antisociale, c'étaient les disciples des philosophes irréligieux et la portion du peuple gâtée par leurs ouvrages et par les déclamations furibondes de leurs dignes successeurs. Quelle morale auraient pu conserver, et de quels crimes ne devaient pas se rendre coupables des hommes nourris des productions affreuses des sophistes du dix-huitième siècle ? Ces sophistes, en effet, attaquaient tous les jours impudemment et impunément tous les préceptes du Décalogue, qui sont le plus parfait abrégé de la morale naturelle et divine. Ces ennemis de Dieu et des hommes ne respectaient pas même la vie de leurs semblables ; l'un d'eux disait : Si la vie d'un homme s'oppose à mon bien-être, pourquoi ne m'en débarrasserais-je

pas, comme je coupe un buisson qui me barre le passage.
La propriété était bien moins encore sacrée à leurs yeux, et
Proudhon a eu parmi eux bien des précurseurs. Jusqu'à
quel point les mœurs n'étaient-elles pas journellement
foulées aux pieds dans leurs écrits et par leur conduite?
Ils se moquaient de la pudeur et du prix qu'on y attache,
attribuant ce sentiment au préjugé et à la superstition.
Il en est qui sont allés jusqu'à nier les devoirs des enfants
envers les auteurs de leurs jours; la piété filiale, que les
païens cultivaient dans l'âme de leurs enfants, ne trouvait
pas grâce aux yeux de ces missionnaires de l'enfer, et ils
osaient chercher à l'étouffer dans le cœur des enfants, en
se servant d'expressions qu'il m'est impossible de répéter.
Hélas! de nos jours, ces monstruosités se renouvellent.
Voilà où en vient la morale sans religion, la morale
indépendante, favorisée par la liberté effrénée de la presse,
la morale débarrassée du frein des lois divines et humaines,
la morale en un mot inspirée par les passions. Si on laisse
faire ces prédicateurs du vice, bientôt leur prétendue morale
bouleversera le monde. On ne saurait assigner jusqu'où peut
aller le mal et jusqu'à quel degré d'abrutissement et de
bassesse pourraient arriver des populations infectées de tels
principes. Eh quoi! on ne laisse pas outrager impunément
la personne de l'empereur, la constitution, loi fondamentale
de l'Etat, et on a raison; mais on laisse tous les jours
outrager de la manière la plus indigne le Roi des rois et
la constitution des constitutions, c'est-à-dire la loi divine,
unique base de toutes les lois des hommes.

Ce n'est pas de la liberté de la presse, disent messieurs
les catholiques libéraux, que sont venus les crimes et les
désordres qui ont ensanglanté l'Europe à l'époque du
protestantisme. Nous convenons que ces désordres ont eu
diverses causes, en particulier l'affaiblissement du respect
pour les enseignements de l'Eglise, de l'Eglise, dis-je, et
non pas des ecclésiastiques, chez lesquels, en trop grand
nombre, l'esprit de Dieu et les vertus sacerdotales avaient
bien souffert, par suite de l'influence qu'avait exercée sur
eux ce qu'on a appelé la renaissance : mot bien trouvé, s'il
s'agit de la renaissance du paganisme. Quelle digue pouvait

opposer au débordement des mœurs un clergé infecté lui-
même des vices de son siècle? Mais Dieu a eu pitié de son
Eglise : la vraie renaissance, la renaissance catholique est
venue la consoler. Sous l'influence du concile de Trente,
les séminaires ont été établis, les vertus sacerdotales ont re-
fleuri, des ordres religieux fervents ont travaillé avec ardeur
à la conversion des pécheurs, des saints et de grands saints
se sont multipliés, la foi et les bonnes mœurs ont fait de
sensibles progrès. Ces progrès ont été dus évidemment à
l'autorité du saint concile, qui proscrivit les mauvaises doctrines et proclama la vérité. Dira-t-on que ces progrès ont été
le fruit de la liberté illimitée de la presse?

Au congrès de Malines, on a présenté en effet la liberté de
la presse, comme une espèce de panacée universelle, propre
à guérir ou à prévenir presque tous les maux qui affligent
la société, et on a cité l'époque du protestantisme; mais
bien loin que la liberté de la presse ait pu avoir quelque
influence pour arrêter les progrès du mal, c'est au contraire
sa licence qui a compromis et ralenti le retour aux vrais
principes et à la vraie réforme opérée par le concile de
Trente. Si les désordres du seizième siècle ne peuvent être
attribués uniquement à la licence de la presse, il est hors
de doute qu'elle y a grandement contribué. Certes les écrits
si impies et si immoraux des Luther et des Calvin, et de
tous les novateurs de cette époque, propagés même par les
souverains, ont fait d'affreux ravages. Plusieurs même
des souverains qui se disaient protecteurs de la cause
de l'Eglise, lui nuisaient beaucoup par leur conduite et par
les lâches concessions qu'ils faisaient à l'erreur. Au reste,
la vérité n'a jamais manqué de défenseurs dans le sein de
l'Eglise; des écrivains catholiques prirent la liberté de la
défendre avec énergie et talent, sans craindre les violences
et les persécutions des hérétiques, qui, étant libéraux comme
nos libéraux d'aujourd'hui, employaient les moyens les plus
iniques pour combattre la vérité. Mais les bons écrivains
catholiques, précisément parce qu'ils combattaient pour la
vérité qui gêne les passions, n'étaient alors guère plus écoutés
que ne le sont aujourd'hui les libéraux catholiques, malgré
leur enthousiasme pour la liberté de la presse. Dès qu'ils

quittent cette thèse pour défendre la foi, on ne les écoute plus.

Pour soutenir l'autorité des principes, c'est donc une nécessité que ceux que Dieu a chargés de conduire les hommes emploient le pouvoir qu'ils tiennent de Dieu à proscrire les erreurs manifestes qui tendent à renverser les bases de la société. Au reste, il ne suffit pas que les gouvernements publient des lois qui prohibent les mauvaises doctrines, s'ils ne les font pas observer et s'ils autorisent le mal par leurs exemples. Vous ne voulez pas de lois répressives de la mauvaise presse, supprimez donc aussi tous les châtiments qu'on inflige aux crimes et aux attentats contre la propriété, contre la vie des citoyens et contre les mœurs; supprimez le code civil ainsi que le code pénal : aussi bien, l'entreprise est déjà commencée. De toute part on entend retentir la demande de la suppression de la peine de mort; la sympathie pour les scélérats et les assassins est un signe caractéristique de beaucoup d'hommes de notre siècle, qui s'inquiètent peu de la conservation de la vie des gens de bien, mais qui s'intéressent beaucoup à celle de leurs bourreaux; car soustraire ceux-ci au châtiment qu'ils méritent, c'est exposer ceux-là à une mort qu'ils ne méritent pas, et les priver d'une vie qu'ils rendaient utile à leurs concitoyens. Que l'esprit des prétendus philosophes de nos jours est bien différent de celui de nos ancêtres, qui, à mon avis et à celui de beaucoup d'autres, montraient bien autant de jugement. Ils inscrivaient sur le frontispice de leur palais-de-justice cette sentence, qui vaut la peine d'être lue : *Bonis nocet qui malis parcit* [1].

Au reste, j'irai plus loin encore que les avocats des assassins et de tous les criminels. Pour être justes, vous devez en effet supprimer toutes les peines que vous leur infligez, ou bien en infliger de plus sévères encore à ceux qui les poussent au crime; car les vrais coupables ce sont ces écrivains dépravés jusqu'au fond de l'âme, qui, à tête reposée et avec une longue préméditation, conseillent le vice et le crime; le vrai voleur c'est celui qui écrit : *la propriété c'est le vol;* les vrais assassins ce sont les socialistes,

---

[1] Inscription gravée sur l'une des portes du palais-de-justice de Besançon.

les révolutionnaires, qui veulent exterminer tous ceux qui
ne pensent pas comme eux, tous ceux qui ont de la religion,
qu'ils traitent de fanatiques. Ceux-là encore sont les vrais
auteurs des infanticides, qui, dans des romans orduriers,
tournent en ridicule la sainteté du lien conjugal, ou qui,
après avoir poussé au déshonneur une pauvre fille par des
peintures lascives, lui conseillent d'échapper à la honte en
se débarrassant de son fardeau.

On demande la liberté comme en Belgique : l'exemple, il
faut en convenir, est bien choisi; comme en Belgique, où
les libéraux libres penseurs montrent à l'égard de l'Eglise
une intolérance qui croît en proportion de la patience des
libéraux catholiques à souffrir leurs vexations et leur
violation de la constitution même, notamment au sujet des
élections et de la liberté du culte catholique; comme en
Belgique, où l'on dispute aux catholiques jusqu'à leurs
cimetières, où l'on fait, comme en France, les plus grands
efforts pour séparer l'éducation de l'enseignement religieux,
et donner aux enfants cette morale indépendante qui les
gênera aussi peu qu'elle gêne les libres penseurs. C'est la
liberté la plus sacrée que ces libéraux prétendent bien
enlever aux pères de famille, la liberté d'élever et de faire
élever leurs enfants dans la religion qui a fait jusqu'ici
le bonheur de leur famille. On promet à ces pères de rendre,
bien mieux que l'Eglise, leurs enfants vertueux, à l'aide
de l'algèbre, de la géométrie, de la chimie, et à l'aide d'une
saine morale qui n'est pas faite, qui est toute entière à faire,
depuis le premier chapitre : science sur laquelle les libres
penseurs, qui sont encore mieux libres viveurs, n'ont
jamais été d'accord, et ne seront jamais d'accord.

Il ne manquerait plus, après avoir demandé la liberté
comme en Belgique, que de la demander comme en Italie,
qui offre en ce moment au monde ébahi un si beau type
de la liberté libérale. Au reste, on peut affirmer que depuis
la publication des glorieuses maximes de 89, à commencer
par les assemblées affreusement tyranniques de notre
révolution, partout où on les a proclamées avec plus de
fracas, il n'y a plus eu de liberté que pour leurs admirateurs
et leurs amis : vivre libres à la manière de ces derniers, ou

mourir à la vie sociale, souvent même mourir de la mort naturelle, tel était le sort réservé à ceux qui voulaient être vraiment libres.

M. le comte de Falloux fait un mérite et une gloire aux catholiques libéraux d'aimer la lutte, d'en avoir le courage, et de faire ainsi, en quelque sorte, revivre en eux l'Eglise militante. Il me semble d'abord que bien d'autres, qui n'appartiennent pas à leur petite Eglise, combattent peut-être avec au moins autant d'énergie les mauvaises doctrines. Quant au courage, il paraît qu'il y en a bien autant à lutter contre des adversaires sans leur faire de concessions qu'en leur en faisant d'assez larges. On rappelle le souvenir de l'Eglise militante : l'Eglise, elle a toujours été militante ; et ce n'est pas seulement avec la plume et l'encre que les docteurs, qui étaient souvent martyrs, soutenaient les combats du Seigneur : c'était de leur sang qu'ils scellaient leurs écrits et attestaient leur fidélité. Telle a été la conduite des hommes apostoliques de tous les temps, même dans un temps qui n'est pas loin de nous. Les libéraux catholiques n'ont pas encore résisté jusqu'au sang. Je ne doute pas qu'ils le feraient dans l'occasion ; mais enfin l'expérience n'a pas encore eu lieu. Il est vrai que les persécutions, dit-on, ne sont plus de notre temps ; car, on s'en va répétant que nous sommes dans un temps de douceur et de tolérance ; si cela est, je ferai observer d'abord qu'il n'y a pas grand courage à rompre des lances dans des combats où il n'y a rien à craindre. Ensuite je crois qu'on peut conseiller de ne pas trop se fier à l'apparente douceur et tolérance de notre temps ; nous ne sommes pas si éloignés des horreurs de 93. Nous ne pouvons oublier quelle douceur et quelle tolérance pratiquaient les jacobins : patience, attendons la fin ; si les baïonnettes du pouvoir ne maintenaient un peu d'ordre extérieur, nous verrions de belles choses. Les socialistes et les communistes, dignes fils des jacobins, s'ils étaient seulement quinze jours au pouvoir, pourraient bien faire oublier leurs pères.

Les libéraux catholiques semblent avoir une grande confiance dans le futur concile pour le triomphe de leur utopie sur la liberté de la presse. La cause de cette confiance paraît être la fausse idée qu'ils se font des conciles généraux. Sans doute, ces imposantes assemblées de l'Eglise enseignante sont bien propres à ranimer la foi et à la soutenir, en manifestant d'une manière éclatante l'unité de cette foi ; mais on serait dans une grande erreur, si on comparait ces saintes assemblées aux assemblées délibérantes et politiques de nos jours, dans lesquelles le rationalisme exerce tant d'empire, et où tout se décide à la majorité des voix, qui très-souvent constatent le triomphe de la force plutôt que celui de la vérité et du droit. Dans les conciles, ce n'est point par des discussions rationalistes qu'on cherche à éclaircir et à décider les questions ; les membres de la sainte assemblée examinent sans doute avec le plus grand soin ces questions, mais c'est en recourant aux vénérables monuments de la tradition et en les consultant. Le concile ne crée pas les vérités qu'il proclame comme articles de foi ; il déclare seulement que ces points de la doctrine chrétienne ont toujours appartenu à la foi, toujours été crus dans l'Eglise. De là on doit conclure que la liberté absolue de la presse est déjà condamnée d'avance ; car toujours l'Eglise a fait à ceux qui sont chargés de conduire et de gouverner les hommes l'obligation d'éloigner autant que possible de leurs subordonnés les mauvais livres et les mauvaises publications ; elle a condamné bien des fois la liberté de la presse, et récemment encore par l'organe de nos derniers souverains pontifes. Si les libéraux catholiques ont raison, l'Eglise s'est toujours trompée ; mais, quoi qu'ils disent, l'Eglise ne se déjugera pas, parce que sa doctrine est invariable et infaillible. On paraît croire que les évêques ramèneront le pape à des pensées plus libérales ; toutefois ce n'est pas la conduite et le langage des cinq cents évêques assemblés à Rome dernièrement qui a pu accréditer cette opinion. D'ailleurs, jamais les évêques catholiques n'ont pensé qu'ils étaient chargés de conduire et de diriger le pape. Ils ont au contraire toujours reconnu que le pape est leur supérieur, qu'ils sont obligés de suivre pour ne pas tomber dans le schisme ou dans l'hérésie. Les évêques seuls, quelque nombreux qu'on les suppose, n'ont jamais représenté l'Eglise, qui, d'après les gallicans eux-mêmes, est composée du pape et des évêques unis à lui, quand même ils seraient en minorité, comme cela s'est vu plusieurs fois, notamment du temps de l'arianisme. Bien plus, la grande majorité des évêques a souvent et habituellement adhéré à la déclaration que les souverains pontifes ont faite maintes fois de leur propre infaillibilité ; ils ont été, dans la suite des siècles, du sentiment des saints Pères, de saint Ambroise, de saint Augustin, en répétant avec eux ces belles paroles : *Ubi Petrus, ibi Ecclesia ;* « là où est Pierre, là est l'Eglise. »

Je ne puis m'empêcher de dire en finissant à M. le comte de Falloux que, comme bien d'autres de ses lecteurs, j'ai été fort surpris de trouver, à la fin de son discours de Malines, l'allusion qu'il fait à la fable de Pygmalion et de Galatée, que l'orateur dit avoir toujours admirée. J'avoue que je ne m'attendais pas, de la part d'un homme aussi grave que M. de Falloux, et à la fin d'une discussion aussi sérieuse que celle sur la liberté de la presse, à une aussi plaisante conclusion. Pour moi, dans la comparaison entre Pygmalion, Galatée et les amants de la liberté, je n'ai pu trouver d'autre rapport que celui-ci, savoir : que les libéraux catholiques aiment la liberté jusqu'à la folie.

Toutes ces observations, que messieurs les catholiques libéraux trouveront peut-être un peu sévères, ne m'empêchent pas d'admirer leur talent et même leur zèle, quoique bien des catholiques désireraient seulement le voir plus prudent et mieux dirigé. Il faut espérer que la voix de l'Eglise les éclairera enfin et les trouvera dociles.

II

AUX LIBÉRAUX NON CATHOLIQUES.

A. Comme je l'ai dit en m'adressant, dans l'article précédent, aux libéraux catholiques, il est beaucoup plus facile de démontrer rigoureusement la certitude de la religion catholique que de démontrer la certitude de la religion naturelle. En effet, pour se convaincre absolument de la vérité du catholicisme, quatre ou cinq maximes de gros bon sens, du plus simple sens commun, suffisent ; voici ces maximes, qui sont à la portée du plus jeune enfant, de l'homme du peuple comme du savant, et que celui-ci ne pourrait nier sans nier la raison :

1° Il n'y a point d'effets sans cause.

2° La cause doit être proportionnée à l'effet.

3° Au jugement du bon sens, il est absolument impossible que des témoins tels que ceux qui attestent la vérité des miracles nombreux et de premier ordre qui sont la preuve fondamentale de la vérité du christianisme, impossible, dis-je, que de tels témoins aient été trompés ou trompeurs.

4° Le bon sens a fait connaître à tous les peuples et dans tous les temps la nécessité d'une autorité civile et politique, pour maintenir l'empire des lois et conserver un peu d'ordre dans une nation ; à plus forte raison, le bon sens doit faire sentir la nécessité d'une autorité divine, pour maintenir sur la terre l'empire des lois divines, seule base solide des lois humaines.

5° Enfin, le bon sens dit encore à tous les hommes que les caractères essentiels de la vérité, surtout en religion, sont, comme l'a remarqué saint Vincent de Lérins, l'unité, l'universalité et la perpétuité. Or, il sera facile de prouver que ces caractères n'appartiennent qu'à la religion catholique.

1° Il n'y a point d'effets sans cause. Si le christianisme n'a pas pour unique cause de son existence l'intervention de la puissance divine, que les incrédules, s'ils le peuvent, en assignent une autre que le bon sens ne repousse aussitôt. Serait-ce la puissance humaine? Mais que pouvaient douze pauvres pêcheurs? Le christianisme, dès sa naissance, a eu contre lui toutes les puissances de la terre. Serait-ce la science, l'éloquence? Mais les apôtres étaient sans lettres, sans connaissances humaines. Serait-ce la séduction des richesses? Mais les apôtres étaient de pauvres pêcheurs, et le christianisme ne prêche que le détachement des biens de la terre? Serait-ce l'attrait du plaisir et de la volupté? Mais le premier commandement de l'Evangile, c'est de se renoncer soi-même, de mortifier ses sens et ses passions. L'établissement du christianisme serait-il dû à l'ignorance, aux préjugés, à la superstition? Mais, pour s'établir, le christianisme a eu à triompher des préjugés les plus enracinés, des superstions les plus invétérées et les plus autorisées; il s'est établi dans un des siècles littéraires les plus célèbres, le siècle d'Auguste; il a été embrassé par les plus savants hommes, par les plus grands génies, et ses adversaires sont forcés de convenir que sa doctrine est tout ce qui a paru de plus parfait sur la terre. Enfin, serait-ce par des prestiges, par des opérations magiques, que ses prédicateurs auraient trompé le monde? C'est là la plus absurde, quoique la plus ancienne des accusations contre le christianisme naissant; elle ne mériterait pas de réponse. Pourquoi les magiciens et les prestidigitateurs n'opèrent-ils plus rien de semblable? Ont-ils jamais opéré rien d'important et de durable? Ne sont-ils pas bientôt reconnus pour ce qu'ils sont? Les miracles de Jésus-Christ et des apôtres sont des miracles de premier ordre, et évidemment de ceux que Dieu seul peut faire. En les voyant, les Juifs et les païens qui se sont convertis devaient s'écrier : *Digitus Dei est hic ;* « le doigt de Dieu est ici. » Si, à la vue des merveilles de la nature, le saint roi David a chanté : *Les cieux racontent la gloire de Dieu, et le firmament publie l'œuvre de ses mains ,* nous chrétiens nous pouvons bien répéter ces belles paroles, que le prêtre récite chaque jour à la messe : *Dieu, qui nous avez créés d'une manière si admirable et qui nous avez rachetés d'une manière plus admirable encore.* Oui, la main de Dieu, les perfections de Dieu ne brillent pas moins dans l'établissement du christianisme que dans la création.

2° Au jugement du bon sens, l'établissement et la perpétuité de la religion chrétienne sans l'intervention divine serait un effet auquel il serait impossible d'assigner une cause proportionnée à sa grandeur. Nos adversaires eux-mêmes sont forcés de convenir que l'établissement et la conservation de la religion chrétienne est tout ce que le monde a jamais vu de plus magnifique, de plus étonnant, de plus admirable. En comparaison des conquêtes évangéliques, que sont les conquêtes sanglantes des plus fameux potentats qu'on a appelés grands ? Que reste-il des institutions et des lois des plus célèbres législateurs de l'antiquité, lois bornées à quelques coins de terre, qui étaient bien imparfaites et qui ont été sans influence sur l'ensemble de l'humanité ? Le christianisme, au contraire, a donné au monde moderne tout ce qu'il a de bon, même aux nations qui n'ont pas conservé le christianisme complet. Les lois chrétiennes tendent à perfectionner tous les individus, toutes les conditions, les familles et les nations. Ses institutions embrassent toutes les misères de l'humanité, pour y porter remède. Il appelle à lui tous les malheureux pour les soulager. Et ces merveilles de la toute-puissance, de la bonté et de la sagesse de Dieu seraient seulement l'œuvre du fils d'un charpentier et de douze pêcheurs !

D'après ce que nous venons de dire, de tels résultats, sans l'intervention divine, n'auraient aucune proportion avec leur importance ; les moyens employés pour les obtenir étaient au contraire nuls, impuissants, et n'auraient paru que ridicules ; ils n'étaient propres, humainement parlant, qu'à empêcher le succès de l'entreprise, bien loin de l'assurer. Voyez cependant ce que sont devenus les systèmes philosophiques, les hérésies et les schismes, soutenus même par des talents supérieurs, par la puissance des empereurs, etc. Comme toutes ces œuvres sont tombées les unes sur les autres ! Le catholicisme seul, toujours attaqué avec fureur, reste seul toujours debout, ce qui a fait dire à saint Augustin : « Si le christianisme s'était établi sans miracles, ce serait le plus grand des miracles. »

3° Au jugement du bon sens, il est absolument impossible que les témoins des miracles de Jésus-Christ et des apôtres aient été trompés ou trompeurs. En effet, ces témoins ont été fort nombreux ; on peut même affirmer que jamais faits n'en ont eu autant car ce témoignage, c'est le monde converti qui le rend. D'un autre côté, jamais faits plus faciles à constater, puisque c'étaient des faits éclatants et publics, qui se passaient à la vue des multitudes ; pour que de tels témoins aient pu être trompés sur de tels faits, il n'aurait fallu rien moins qu'un miracle éclatant de la toute-puissance divine, qui eut privé en même temps toutes ces multitudes de l'usage de leurs sens, miracles qu'un Dieu, la vérité même, ne fera certes jamais pour tromper les hommes. De plus, ces témoins étaient on ne peut plus intéressés à ne pas se laisser tromper sur la réalité de ces miracles ; car on ne leur donnait point d'autres preuves des vérités qu'on leur annonçait que ces miracles mêmes, qui eussent été manifestement faux, s'ils n'eussent été manifestement vrais. Ce n'était pas par des discussions et par des raisonnements que les apôtres voulaient convertir leurs auditeurs, mais ils disaient, comme leur divin Maître : *Si vous ne croyez pas à nos paroles, croyez à nos œuvres.* Or, si ces œuvres miraculeuses n'eussent pas été incontestables et de premier ordre, non-seulement les apôtres n'auraient pas converti le monde, mais ils n'auraient pas converti un seul homme, car la fausseté et le mensonge eussent été évidents. Cependant les premiers chrétiens avaient le plus grand intérêt que puissent avoir des hommes à ne pas se laisser tromper ; en effet, pour embrasser la nouvelle religion, il fallait être prêt à faire le sacrifice de tout ce que les hommes ont de plus cher, de sa fortune, de sa réputation, de son rang dans le monde, souvent de ses affections de famille, enfin sacrifier sa vie même, en affrontant les plus cruels tourments. Or, dit Pascal, « je crois des témoins qui se font égorger. » Si les témoins des miracles de Jésus-Christ et des apôtres n'ont pas pu être trompés, ils n'ont pas davantage pu être trompeurs ; car il est évident qu'une si grande multitude d'hommes de toutes conditions, de toutes nations, n'ont pas pu s'accorder pour tromper leurs familles et leurs propres enfants, qui leur étaient plus chers qu'eux-mêmes, et qu'ils n'auraient pu tromper qu'en les exposant et en s'exposant eux-mêmes aux plus grands maux pour ce monde et pour l'autre, où ils ne trouveraient tous qu'un Dieu vengeur de l'imposture. Non, jamais les hommes ne croiront tout à la fois aux dépens de l'évidence et de leurs plus chers intérêts. C'est contraire à la nature et par conséquent impossible.

Les miracles de Jésus-Christ et des apôtres sont donc les faits historiques de beaucoup les plus certains ; on peut défier les ennemis de la religion d'en trouver dans toute l'histoire qui puissent leur être comparés. C'est la certitude historique, la certitude morale du témoignage des hommes élevée à sa plus haute puissance. Si, avec de tels témoignages, on peut être trompé, il ne doit plus être question d'histoire et de critique historique ; il ne reste plus qu'à s'ensevelir dans le scepticisme universel, à rompre entièrement avec le passé, ce qui serait folie et anéantissement de la société.

J'avais donc bien raison de dire que, au jugement du bon sens, il est absolument impossible que des témoins tels que ceux qui attestent la vérité des miracles de Jésus-Christ et des apôtres aient été trompés ou trompeurs.

4° Le bon sens, qui a fait comprendre aux hommes la nécessité d'une autorité politique et civile pour maintenir l'empire des lois humaines, doit à plus forte raison leur faire comprendre la nécessité d'une autorité divine, pour nous faire connaître d'une manière certaine les lois divines et pour en perpétuer l'empire. D'abord, le bon sens nous dit qu'une autorité divine est nécessaire pour connaître d'une manière certaine les vérités de la religion ; en effet, si notre faible raison se trompe si souvent, même dans les choses qui sont à sa portée, dans quelles erreurs, sans le secours de l'autorité de Dieu, ne tomberions-nous pas sur les vérités de la religion, qui sont par leur nature si élevées au-dessus de notre intelligence. Mais si cette autorité divine est nécessaire pour nous faire connaître d'une manière certaine les vérités et les lois de la religion, elle n'est pas moins nécessaire pour en conserver et en perpétuer l'empire. Sans cette autorité établie de Dieu et parlant en son nom tous les jours jusqu'à la fin des siècles, la religion serait morte en naissant, comme ne le prouvent que trop les hérésies et les schismes, ainsi que les erreurs des philosophes. Le bon sens nous dit donc que la vraie religion s'enseigne par une autorité divine ; or, la religion catholique est la seule qui s'enseigne ainsi par autorité, par une autorité divine, l'Eglise, qui d'ailleurs montre ses titres à la croyance des hommes. Aussi saint Augustin a-t-il dit : « Je ne croirais pas à l'Evangile, si l'autorité de l'Eglise ne m'y déterminait : » *Evangelio non crederem, nisi me Ecclesiæ commoveret auctoritas.* Dans ces paroles, le saint docteur envisage l'Eglise tout à la fois comme la plus imposante société de témoins, et comme une autorité instituée de Dieu pour parler en son nóm.

5° Enfin, le bon sens dit encore que les caractères essentiels de la vérité, surtout en religion, sont l'unité, la perpétuité et l'universalité. Or, la religion catholique seule nous offre ces caractères. En effet, hors de l'Eglise, on ne trouve que des systèmes incohérents de philosophes qui se combattent, se contredisent les uns les autres, et se contredisent eux-mêmes à chaque instant ; ou bien une multitude de sectaires, qui, en se révoltant contre l'Eglise, ont donné lieu à des milliers d'erreurs monstrueuses et d'hérésies qu'enfantent journellement les passions et surtout l'orgueil.

Quel spectacle bien différent présente l'Eglise catholique, dont les enfants n'ont qu'une même foi, en se montrant dociles à la voix de l'Eglise, leur mère, que Jésus-Christ leur commande d'écouter comme lui-même. Celui qui refuserait d'écouter l'Eglise, par cela même cesserait d'être catholique. Si quelqu'un, a dit Jésus-Christ, n'écoute pas l'Eglise, regardez-le comme un païen et un publicain.

La perpétuité, au jugement du bon sens, second caractère de la vérité en religion, est aussi le privilége exclusif de la religion catholique, qui seule remonte jusqu'au commencement du monde, par sa liaison avec la loi donnée par Moïse au peuple de Dieu, loi qui n'est que le développement de la religion des patriarches, comme le christianisme n'est que le développement de la loi publiée par Moïse. Dans l'Ancien Testament, prélude et ébauche du Nouveau, tout est plein de Jésus-Christ ; c'est le Messie, c'est Jésus-Christ promis, figuré, prédit de la manière la plus précise et la plus circonstanciée. Nous y trouvons une des plus belles preuves de la divinité du christianisme, celle des prophéties. Toutes les autres religions, bien loin d'offrir ce caractère de perpétuité, malgré leur indulgence pour les passions à qui elles doivent le jour, n'ont cependant qu'un temps : *Hominum commenta delet dies;* « le temps détruit les inventions des hommes. » Enfin la religion catholique seule possède le troisième caractère de la vérité, l'universalité, non-seulement parce qu'il y des catholiques dans toutes les parties du monde, mais encore parce que toutes les fausses religions ayant conservé quelque chose de la vraie, ne sont d'accord entre elles que sur les points qu'elles ont de commun avec la religion catholique. Celle-ci possède donc seule les trois caractères essentiels de la vérité, et seule par conséquent, au jugement du bon sens, elle est la véritable.

Il suffit donc de quatre ou cinq maximes de simple sens commun pour démontrer rigoureusement la vérité de la religion catholique.

Mais le catholicisme une fois démontré, toutes les grandes questions qui intéressent au suprême degré l'humanité, les individus, les familles et la société, se trouvent résolues de la manière la plus certaine et la plus consolante. Les hommes, depuis les plus simples jusqu'aux plus savants, connaissent leurs rapports avec Dieu et avec leurs semblables, les devoirs qui en découlent à l'égard de Dieu même et de leurs frères; ils connaissent pourquoi ils sont sur la terre, ce qu'ils ont à y faire, leurs destinées après cette vie, quelle est la conduite qu'ils doivent tenir pour y répondre, toutes questions qui ont fait tourner la tête aux plus fameux philosophes, et qu'ils n'ont jamais tenté de résoudre sans tomber dans les erreurs les plus grossières et les plus funestes, ou en faisant l'humiliant aveu que fit Jouffroy sur le bord de sa tombe : « qu'il avait à peine pu mettre hors de doute la première et la plus importante de toutes ces questions. »

C'est ce qui m'a fait dire qu'il est bien moins facile de démontrer, sans l'appui de la révélation, la certitude de la religion naturelle, que celle de la religion catholique. D'abord on peut soutenir que la religion naturelle n'est pas naturelle, en ce sens que la connaissance en soit due aux seules lumières de la raison abandonnée à elle-même. On peut nier en effet le supposé; car, dans le fait, jamais la raison humaine n'a été entièrement abandonnée à elle-même. Dieu, en créant Adam, conversait avec lui, lui faisait connaître ses devoirs; il conversait avec les patriarches, dont les enfants conservaient plus ou moins les leçons de leurs pères. Même après la dispersion des hommes à la tour de Babel, les petits-enfants de Noé, en se séparant, emportèrent bien des vérités qu'ils tenaient de l'enseignement de leurs pères et de la tradition. Ces vérités ne s'altérèrent que graduellement, suivant que les peuples se laissaient égarer par les passions; mais ces souvenirs, ces restes de la révélation primitive ne se sont jamais perdus entièrement; et le savant auteur de la *Bible sans la Bible* remarque que plus on remonte vers l'époque de Noé, plus on trouve ces souvenirs, ces restes considérables. Sans doute notre raison est faite pour entendre la raison divine, dont la loi naturelle est l'expression; mais cette raison, elle a besoin d'être soutenue par la parole directe de Dieu, et cela non-seulement à cause de sa faiblesse, mais encore plus à cause des passions.

D'abord la faiblesse toute seule de la raison humaine serait déjà un obstacle à la connaissance sûre et claire des vérités de la religion naturelle; car les lumières de notre raison ne sont pas en proportion avec la hauteur et la profondeur de plusieurs des vérités de cette religion, qui sont obscures et mystérieuses, comme un certain nombre des dogmes de la religion catholique; mais les passions malheureusement ne sont que bien trop venues obscurcir encore ces faibles lumières. Aussi qu'avait fait de la religion naturelle l'orgueil des philosophes, avec leurs systèmes absurdes, impies et immoraux? Qu'en avaient fait l'ignorance et les vices des peuples, en les entraînant à une multitude de superstitions aussi ridicules que dégradantes? Qu'en font encore, même aujourd'hui, nos philosophes, qui ne veulent écouter que leur raison, qui se vantent même de marcher à sa lumière? Ne travaillent-ils pas sans relâche avec fureur à renverser tous les principes de la religion naturelle, aussi bien que ceux de la religion révélée? C'est donc un guide peu sûr que la raison toute seule pour connaître et pratiquer même la religion naturelle. Aussi ne prouve-t-on pas tous les jours, sinon la nécessité absolue, au moins la convenance de la révélation chrétienne ; ne la prouve-t-on pas par les honteux égarements de l'esprit humain à l'égard de la religion naturelle?

Ce qui fait la force de la religion naturelle, ce qui en fait une autorité à laquelle doivent se soumettre les raisons particulières, c'est l'accord de tous les peuples sur certains points de cette religion, conformes sans doute aux lumières d'une raison saine, mais conformes aussi aux enseignements de la révélation primitive. Sur tous les autres points, les peuples se divisent ; ici c'est une erreur, là c'en est une autre ; dans telle région règnent certaines superstitions, dans telle autre des superstitions différentes. Les erreurs et les superstitions ne varient pas moins chez les individus ; c'est partout une confusion horrible. J'en conclus que si les païens ont été d'accord sur un certain nombre de vérités de la religion naturelle, c'est que pour ces vérités leur faiblesse était soutenue par la tradition. Les peuples les plus anciens et les plus célèbres, tout en tombant dans les superstitions ridicules et immorales de leur idolâtrie, conservaient beaucoup d'idées saines en législation et en morale, comme on le voit par bien des dispositions très-sages de leurs lois et par les actes de vertu qui se pratiquaient parmi eux. Ces sages dispositions des lois et ces actions vertueuses semblent en contradiction avec leurs superstitions païennes ; mais cette contradiction ne prouve que mieux la force que la religion naturelle puisait dans la tradition pour maintenir son empire sur les âmes, éclairer les consciences et rendre inexcusables ceux qui faisaient le mal. Cette contradiction, qui existait souvent chez les païens entre ce qu'il y avait de bon dans leurs lois, dans leur conduite et leurs superstitions idolâtriques, qui ne pouvaient que les porter au mal, cette contradiction existe chez nous comme chez eux. En effet, il y a encore parmi nous, comme chez les gentils, trois sortes de personnes par rapport aux devoirs que la religion impose : 1° il y a les impies déclarés, qui, pour suivre leurs passions, foulent aux pieds tous les principes de la raison et de la religion et ne veulent ni de Dieu ni de sa loi ; cette classe était sans doute nombreuse chez les païens, puisqu'elle augmente chez nous à mesure que nous nous rapprochons des païens. 2° Comme il y avait parmi les idolâtres bien des hommes faibles qui, sans nier peut-être la loi naturelle, se laissaient entraîner à la corruption qu'enfantait l'idolâtrie, il y a chez nous beaucoup de chrétiens lâches qui, sans nier l'Evangile, suivent les maximes du monde. 3° Enfin, il y a des âmes naturellement honnêtes, comme il y avait au milieu des païens, on ne saurait en disconvenir, des hommes vertueux, tels que Melchisédech, Job et d'autres encore, par exemple, ceux que les Juifs faisaient prosélytes. D'après ce que nous trouvons de vrai, de beau dans les historiens, même dans les poètes, on voit aussi que, malgré la corruption générale, il y avait des âmes droites, des hommes sages, qui, sans oser combattre publiquement l'idolâtrie, suivaient les préceptes de la loi naturelle et pratiquaient des vertus, dont Dieu leur tiendra compte, d'autant plus qu'ils n'avaient pas les mêmes lumières que nous. Ainsi, n'y a-t-il pas dans Homère, dans Virgile, dans Xénophon, dans Plutarque, dans Platon, etc., bien des choses qui semblent inspirées par un souvenir des vérités révélées. Mais ce qui restait chez les païens de vérité et de vertu, le devaient-ils à la raison toute seule? Non, certainement non ; puisqu'il y avait chez eux, comme parmi nous, une foule d'écrivains et de philosophes, de beaucoup d'esprit sans doute, qui prétendaient ne suivre que la raison en combattant toute idée de religion et de morale. Ces vérités, ces vertus qui restaient encore chez les païens, étaient dues à l'action de la grâce et au souvenir plus ou moins conservé des vérités de la religion révélée, transmises par la tradition. Les âmes honnêtes devaient être d'autant plus frappées de ces vérités traditionnelles qu'elles étaient universellement répandues, tandis qu'il n'y avait rien que d'incohérent et de varié à l'infini dans les systèmes et les erreurs de la philosophie et de l'idolâtrie. Il y a plus : les meilleurs philosophes, tels que Socrate, Platon, qui disaient des choses admirables quand ils s'inspiraient des traditions, tombaient eux-mêmes dans des absurdités et des immoralités révoltantes quand ils s'abandonnaient aux rêves de leur imagination et de leur esprit propre. Les Livres saints, surtout depuis leur traduction en grec, ont pu contribuer à soutenir les traditions sur les vérités de la religion. On croit que Socrate, Platon et bien d'autres ne les ont pas ignorées ; le peuple juif était un peuple voyageur, qui a pu faire l'office de missionnaire chez les nations. La preuve de l'impression qu'ont dû faire les vérités traditionnelles sur les meilleurs esprits et les plus grands philosophes, c'est cet aveu de Cicéron : « Lorsque je considère les grandes questions de religion et de morale seulement avec mon propre esprit et mes lumières personnelles, je me trouble et je ne sais plus que croire ; mais lorsque je les envisage dans l'assentiment des peuples aux grands principes de religion et de morale, ma croyance devient ferme. »

M. de Bonald a démontré sans réplique l'impossibilité de l'invention du langage par les hommes. Sans le langage l'homme serait sans idées, et dans cet état, bien incapable d'inventer le langage ; car cette invention serait le chef-d'œuvre de l'esprit humain, attribué à des êtres qui ne pourraient pas penser, ce qui a fait dire que le langage aurait été bien nécessaire pour inventer le langage. Enfin, sans le langage, nulle pensée distincte, nul sentiment réfléchi, nulle conscience ; les idées même sont pauvres ou riches et développées, en proportion de la pauvreté ou de la richesse du langage, comme le prouve la comparaison entre les sauvages et les peuples civilisés. La bonne philosophie, en démontrant l'impossibilité de l'invention du langage par les hommes, est ici d'accord avec la religion, qui nous montre Dieu conversant avec Adam et les premiers hommes ; mais Dieu, en donnant à l'homme le langage, n'a pas pu ne pas lui faire connaître sa fin, ses devoirs, ses destinées. Supposer le contraire, ce serait équivalemment nier Dieu ; car ce serait nier ses perfections. En effet, est-il possible d'admettre que Dieu aurait jeté sur la terre l'homme, sa plus parfaite créature, son image, sans lui donner un moyen suffisant pour atteindre sa fin, qui est Dieu lui-même, comme le prouve l'expérience, puisqu'il ne trouve que le malheur et la dégradation en s'attachant à tout autre objet, au préjudice de ce qu'il doit à Dieu. Je dis que Dieu doit à l'homme un moyen suffisant pour atteindre sa fin, mais non pas un moyen qui force sa liberté, puisque ce serait lui enlever tout mérite. Or, ce moyen suffisant n'est évidemment pas la raison toute seule, trop faible, comme nous l'avons montré, et d'ailleurs trop souvent dupe des passions, pour être un guide sûr en matière de religion. Aussi tous ceux qui n'ont voulu écouter qu'elle sont tombés dans les plus déplorables erreurs et dans les vices les plus honteux. Le moyen suffisant donné à l'homme par Dieu même pour atteindre sa fin, c'est la raison éclairée par la foi, par la parole de Dieu et aidée de la grâce. C'est la fidélité à profiter de ce moyen qui, dans tous les temps a conduit à la connaissance du vrai et à la pratique du bien les âmes droites, les hommes de bonne volonté, qui ont trouvé ainsi la paix du cœur. Plus même ils se sont montrés fidèles, plus ils ont été récompensés par une plus ample connaissance de la vérité, par un plus grand amour et une pratique plus parfaite de la vertu.

On a voulu présenter saint Thomas comme l'avocat de la raison abandonnée à elle-même, et suffisante cependant pour arriver à la connaissance certaine de la loi naturelle. Il faut observer d'abord que quand les saints docteurs parlent de la raison, ils n'en parlent pas comme nos philosophes modernes, qui la considèrent comme absolument indépendante ; mais ils la considèrent telle qu'elle existe dans l'homme, ou plutôt dans la société en rapport avec Dieu, dès le commencement du monde, et en possession des idées générales qui se sont conservées au milieu des peuples. Et cependant voici ce que l'Ange de l'Ecole pensait des forces de la raison pour arriver à la connaissance de la loi naturelle ; même en envisageant cette raison, comme nous le disions tout à l'heure, saint Thomas se demande quelle est la nécessité de la révélation ? A cette question il répond : « Il a été nécessaire, pour que l'homme pût opérer son salut, qu'indépendamment des sciences philosophiques, il y eût une doctrine fondée sur la révélation divine. » Cela était nécessaire, parce que l'homme se rapporte à une fin qui surpasse la portée de sa raison, suivant ce passage d'Isaïe : *L'œil n'a pas vu sans vous, ô Dieu, ce que vous avez préparé à ceux qui vous aiment.* Or, il faut que les hommes connaissent d'abord leur fin, puisqu'ils doivent diriger vers cette fin leurs intentions et leurs actions. Il a donc été nécessaire à l'homme, pour obtenir le salut, de connaître par révélation ce qui est au-dessus de la raison humaine.

« Quant aux recherches que nous pouvons faire sur Dieu
» avec les lumières de la raison humaine, ajoute le saint
» docteur, il a encore été nécessaire que l'homme fût instruit
» par la révélation divine, parce que la vraie notion de Dieu
» n'aurait pu, à l'aide de la raison, être acquise que par un
» petit nombre, après un long espace de temps et *avec un*
» *mélange de nombreuses erreurs.* Cependant le salut de
» l'homme dépend entièrement de la connaissance de cette
» vérité fondamentale, puisque ce salut est tout en Dieu.
» Ainsi, pour que les hommes puissent plus facilement et
» plus *certainement* opérer leur salut, il a été nécessaire
» qu'ils fussent instruits des choses divines par une révé-
» lation divine. Donc indépendamment des sciences philoso-
» phiques, qui ont pour objet les investigations de la raison
» humaine, il a été nécessaire que la doctrine sacrée nous
» fût transmise par révélation. »

D'après ce principe, peut-on dire qu'un moyen qui ne pourrait conduire à la connaissance des principales vérités de la religion naturelle, celle de Dieu et de la fin de l'homme, qui ne pourrait y conduire qu'un petit nombre d'hommes, et cela après un long espace de temps et avec un mélange de beaucoup d'erreurs, peut-on dire que ce moyen soit suffisant pour faire parvenir les hommes à la connaissance certaine de la religion naturelle ? A-t-on bien la certitude, quand on peut légitimement craindre d'être dans l'erreur ? Saint Thomas ne le pensait pas, puisqu'il en conclut la nécessité d'une révélation divine.

B. Tout ce que j'ai dit dans l'article précédent pour prouver aux libéraux catholiques que la liberté illimitée de la presse est opposée au bon sens autant qu'à la foi et au bon ordre, et qu'elle ne tend qu'à renverser de fond en comble la société, s'adresse à plus forte raison aux libéraux non catholiques; mais je crois devoir de plus traiter avec ces derniers un autre point, et leur prouver la nécessité de la liberté de l'Eglise. La première, la plus importante de toutes les libertés, celle qui assurerait l'existence de toutes les bonnes libertés, c'est la liberté de l'Eglise. L'action de l'Eglise n'a jamais tendu qu'au bonheur spirituel et temporel des peuples; qu'on cite une seule de ses lois qui n'ait pas ce but. Mais cette liberté, l'Eglise n'en a presque jamais joui d'une manière complète. Les puissances de l'enfer, furieuses à la vue du bien qu'elle opère parmi les peuples et outrées de dépit de ne pouvoir la renverser, veulent au moins se donner la jouissance d'entraver son action. Si le Dieu qui a dit à la mer : tu n'iras pas plus loin, là s'arrêtera la fureur de tes flots, n'eût aussi posé des bornes aux progrès de l'erreur et du mal, s'il n'eût promis que les portes de l'enfer ne prévaudraient point contre son Eglise, il y a longtemps qu'elle serait anéantie. Dieu, pour punir l'abus que les hommes font de ses grâces, permet quelquefois que les vérités soient diminuées parmi eux ; comme il en a menacé, il enlève alors le flambeau à une nation pour le donner à une autre; mais il n'a jamais permis que la divine lumière de l'Eglise s'éteignit entièrement dans le monde. Il n'en est pas moins vrai que le défaut de liberté de l'Eglise a été la source la plus féconde des maux qui l'ont affligée, ainsi que la société. Ce ne sont pas les persécutions sanglantes qui ont nui à l'Eglise et qui l'ont mise en péril ; elle a grandi au contraire au milieu des supplices et des tortures les plus affreuses. Pendant trois siècles, cet édifice divin a été cimenté du sang de ses enfants ; leur foi n'avait rien à craindre, tant que pour la conserver ils n'avaient à faire que le sacrifice de leurs biens, de leur rang dans le monde, de leur famille, même de leur vie, en un mot de tout ce que les hommes aiment le plus et à quoi ils tiennent davantage ; ils regardaient comme de la boue tous les biens temporels, en comparaison des biens spirituels ; ils se voyaient avec joie enlever tous ceux-là pour conserver ceux-ci. Mais bientôt Satan et ses suppôts s'aperçurent que ce n'était qu'en corrompant les chrétiens, en altérant la pureté et la vivacité de leur foi, qu'on pouvait les vaincre ou du moins diminuer beaucoup leur influence dans le monde.

A peine la religion est-elle montée sur le trône, qu'on voit les puissances de la terre et de l'enfer, jalouses de l'autorité divine de l'Eglise, s'unir pour la combattre et l'anéantir à leur profit.

Pour arriver à ce but, ces puissances, en en exceptant les règnes, malheureusement trop rares, des souverains sincèrement catholiques, se sont habituellement appliquées à gêner, à diminuer et même à anéantir la liberté de l'Eglise pour le gouvernement des fidèles. On a fait retentir aux oreilles des peuples le mot vague de liberté, que les masses sont si portées à interpréter dans le sens de l'absence de tout frein. On s'est efforcé de présenter l'Eglise comme l'ennemie irréconciliable de la liberté. De la mauvaise, oui, et c'est là son plus beau titre de gloire ; ennemie de la bonne liberté, de celle qui est compagne de la justice et de la vérité, non, et mille fois non. C'est elle au contraire, c'est le catholicisme par l'Eglise qui a apporté au monde la vraie notion de la liberté, la vraie liberté ; c'est elle seule qui la défend et qui la soutient ; elle s'affaiblit bientôt et finit par disparaître partout où le catholicisme s'affaiblit et disparaît. Avant la prédication de l'Evangile, le monde était partagé en deux classes : les maîtres et les esclaves, et ceux-ci étaient de beaucoup les plus nombreux, même dans les républiques les plus célèbres de l'antiquité. A Athènes, par exemple, cette cité si vantée, dont le libéralisme consistait surtout à envoyer en exil ses meilleurs citoyens, tels que Aristide, parce qu'elle s'ennuyait de l'entendre appeler le Juste ; à Athènes, pour vingt mille citoyens il y avait quatre cent mille esclaves ; à Sparte, sa rivale, les Lacédémoniens faisaient faire à leurs enfants l'apprentissage de la liberté en leur donnant celle de voler ; aussi comment chez eux les pères et les enfants traitaient-ils les ilotes ? Et chez les fameux Romains, même dans leurs plus beaux temps, de quelle liberté jouissaient les plébéiens? De celle de s'exiler au mont Aventin, afin de ne pas mourir de faim. Plus tard, les patriciens, à leur tour, sont obligés de subir la domination des tribuns du peuple, qui n'est plus qu'un vil instrument, entre les mains des chefs de partis, qui s'en servent pour arriver aux charges et asservir la république. Tout ces fiers républicains ne sont plus qu'un vil troupeau, qui bientôt ne demandera plus à ses maîtres que du « pain et des spectacles sanglants, » *panem et circenses.*

C'est le christianisme qui est venu relever la dignité humaine; c'est le catholicisme, par l'Eglise, qui est venu tout à la fois rendre à l'autorité ses droits légitimes et fonder la liberté véritable, en les établissant l'une et l'autre sur une base inébranlable, la loi de Dieu. La religion catholique rend les souverains et les supérieurs respectables à leurs subordonnés, et par là même elle ennoblit et rend facile l'obéissance, car ce n'est pas devant l'homme que le catholique courbe le front, mais devant le représentant de Dieu; aussi cette religion crie aux souverains, par la voix de saint Paul, « qu'ils sont les ministres de Dieu pour le bien, qu'ils ont tout pouvoir pour l'opérer, mais qu'ils n'en ont point pour le mal; » et elle crie en même temps aux sujets, « qu'ils sont libres de la liberté que Jésus-Christ leur a acquise par son sang, et ne doivent point se rendre esclaves des hommes : » *Nolite fieri servi hominum.*

D'après ces principes, quelle belle civilisation chrétienne travaillait à établir les grands pontifes du moyen-âge, secondés par la foi des peuples. Placés à la tête de la grande famille catholique, ils s'interposaient entre les souverains et leurs sujets, pour empêcher les uns d'être despotes, les autres d'être séditieux. Mais bientôt les princes, qui ne s'accommodaient point de ce joug du Dieu de l'Evangile, persuadèrent aux peuples, comme autrefois les pharisiens avaient persuadé aux Juifs, de s'écrier : *Nous ne voulons point que celui-là règne sur nous.* Qu'ont gagné les peuples à retomber ainsi sous le joug de l'homme? Ils ont gagné de rebrousser vers le paganisme et de n'avoir plus d'autres remèdes aux maux de la société que le despotisme ou l'anarchie; c'est un cercle vicieux dans lequel tourneront sans cesse les nations modernes, surtout depuis la glorieuse proclamation de 89 ; ce qu'ils y ont gagné, c'est d'avoir le droit et de jouir de la liberté, grande certainement, de s'imposer eux-mêmes bien plus que les anciens rois n'auraient osé le faire ; ce qu'ils y ont gagné, c'est de pouvoir, au moyen de ces impôts, créer des charges nombreuses et bien rétribuées, élever les brillantes fortunes d'une multitude de gouvernants, qui croient avoir seuls assez d'esprit pour régir les affaires publiques, mais qui certes en ont du moins assez pour faire leurs propres affaires. Ce qu'ont gagné les peuples à laisser affaiblir l'autorité de l'Eglise, c'est de river leurs fers aux deux bouts. Les ennemis de l'Eglise osent bien lui reprocher d'empiéter sur la puissance civile, tandis que c'est elle qui empiète sans cesse sur la puissance ecclésiastique, au point de se permettre de juger que la vraie religion catholique c'est le gallicanisme ; au point de prétendre montrer au chef suprême de la catholicité quelle est la limite de ses pouvoirs ; au point d'entraver les rapports de ce chef avec ses membres ; au point enfin de vouloir règlementer la charité chrétienne, en s'efforçant de supprimer les sociétés de Saint-Vincent-de-Paul. Bientôt, si arrivait au pouvoir un certain parti, qui fait cependant grand bruit de la liberté des cultes, et qui demande à grands cris la liberté comme en Belgique, comme en Italie, bientôt, dis-je, nous l'aurions en effet comme dans ces pays, c'est-à-dire que, bien loin de pouvoir librement faire des legs pieux et charitables, et d'avoir la liberté de nous consacrer entièrement à Dieu et au prochain, on chasserait de leurs couvents nos religieux et nos religieuses, véritables pères et mères des enfants des pauvres et de tous ceux qui souffrent ; bientôt on confisquerait les faibles propriétés des maisons religieuses, principales ressources et asiles des indigents ; bientôt on viendrait nous insulter impunément jusque dans nos églises, et on nous disputerait jusqu'à la liberté de nos cimetières.

Bientôt on enlèverait aux pères de famille celle de toutes leurs libertés qui leur est la plus chère, la liberté d'élever leurs enfants dans la foi de leurs pères. Bientôt on reviendrait sur cette loi de la liberté de l'enseignement, la plus précieuse de toutes, que les catholiques ont eu tant de peines à emporter, comme à la pointe de l'épée, et que déjà on s'efforce de leur enlever par lambeaux et d'annuler par toutes sortes de séductions. Pour arracher doucement aux parents chrétiens leurs enfants et en faire des incrédules, c'est-à-dire des libertins et des libertines, on fera briller aux yeux des pères et mères et de leurs enfants le vain étalage de toutes sortes de sciences; au lieu de bien apprendre à chacun ce qui lui conviendrait, suivant sa vocation présumée, on promettra de tout apprendre à tout le monde, c'est-à-dire qu'on fera une multitude de jeunes gens superficiels, présomptueux et ambitieux, qui se croiront propres à tout et voudront tout envahir, au grand préjudice de la société; c'est ainsi qu'on prépare les révolutions.

Et les jeunes filles, que va en faire M. Duruy, poussé par sa haine aveugle, par sa fureur contre la religion? Que va-t-il leur apprendre? tout ce qu'il importe peu qu'une fille sache, tout ce qu'il est même peu séant qu'une fille apprenne, si elle veut conserver cette modestie, cette pudeur qui ont toujours fait le principal mérite des personnes du sexe; il veut leur apprendre tout, excepté à être bonnes filles, bonnes épouses et bonnes mères, à bien conduire leurs familles, à bien régler leurs ménages. Il réussira à en faire des pédantes insupportables, des précieuses ridicules, qui auraient bien besoin d'un autre Molière pour relever leurs travers.

Voilà quelques-uns des tristes effets de la guerre tantôt sourde et tantôt ouverte, que l'on fait dans nos temps modernes à la liberté de l'Eglise, guerre au reste que le monde lui a toujours faite plus ou moins. Le monde se plaint souvent des abus qu'il y a dans l'Eglise, et ces abus sont son ouvrage. C'est lui qui en est la principale cause, par les entraves qu'il met à la liberté de l'Eglise. O peuple, combien on te trompe! On te présente l'Eglise comme ennemie de la liberté, tandis qu'elle n'est l'ennemie que de la licence, et qu'elle est et a toujours été la seule véritable tutrice de toutes les bonnes libertés. Voyons, faisons à ce sujet un petit inventaire. Où en est la liberté à Constantinople, chez les Turcs, chez les Arabes, chez les Chinois et chez les Indiens? Où en était-elle chez tous les peuples avant la prédication de l'Evangile? L'esclavage existait partout; c'est l'Eglise qui, par son action charitable et progressive, l'a aboli partout.

Où en est même la liberté chez les peuples où le catholicisme n'a pénétré qu'imparfaitement, et même chez ceux qui ont cessé d'être catholiques après l'avoir été. Chez ces peuples, il n'y a plus de place que pour le despotisme ou l'anarchie. Où en est la liberté en Russie, par exemple? Le paysan russe sait-il seulement ce que c'est? La Sibérie l'apprend à bien des sujets du czar qui ne sont pas paysans. Que fait surtout ce despote des malheureux Polonais? Peut-on pousser plus loin la brutalité de la tyrannie? Et le gouvernement anglais, qu'à tout propos on nous donne pour le modèle des gouvernements libéraux, quelle liberté, sinon celle de mourir de faim, laisse-t-il aux infortunés Irlandais, sur lesquels depuis si longtemps il appesantit un joug de fer, après les avoir dépouillés de leurs biens? Sous ce gouvernement, de quelle liberté jouissent les Indiens? De celle de s'épuiser de travaux pour enrichir leurs maîtres! Le peuple anglais lui-même sent-il davantage les douceurs de la liberté? On lui laisse, il est vrai, la liberté de se boxer, de se jeter des ordures et des têtes de choux, liberté qui est la compagne des derniers excès de la misère. Au rapport de W. Cobett, écrivain protestant, sous les rois catholiques, les ouvriers, avec le salaire de leurs journées, pouvaient se nourrir de bonne viande; maintenant, ajoute-t-il, noble peuple anglais, nourris-toi de pommes de terre, encore quand tu pourras en avoir. Et le gouvernement prussien, qui, par les habiles manœuvres du machiavélique Bismark, sait si bien confisquer les nationalités au profit de son autocrate, ce gouvernement est-il aussi un beau type de la liberté moderne? Et dans cette Suisse, autrefois terre classique de la liberté, conquise par les petits cantons catholiques, quelle liberté en reconnaissance les cantons protestants laissent-ils aux catholiques, qui n'ont jamais gêné celle de leurs frères dissidents? Et les Etats-Unis d'Amérique, aujourd'hui si désunis, et qui ont été sur le point de mettre en jugement leur président, parce qu'il cherchait à protéger la liberté des Etats du Sud, cette Amérique pratique-t-elle bien la liberté dont on lui a fait tant d'honneur? Enfin que dirons-nous du gouvernement de l'Autriche, qui, depuis qu'il est livré à la faction libérale, froisse si violemment les sentiments les plus énergiquement exprimés par la majorité du peuple, très-attaché à la religion, que ce gouvernement voudrait détruire. Nous parcourrions toutes les nations, que nous verrions, partout où les libres penseurs et les ennemis de l'Eglise sont au pouvoir, la licence permise, et souvent même une protection déhontée accordée à l'erreur et au mal, tandis que les chaînes les plus étroites et les plus lourdes sont imposées à la vérité et au bien. Bien plus, parmi nous en particulier, si la portion la plus avancée des libres penseurs arrivait au pouvoir, ce ne serait pas assez pour ces dignes successeurs de Robespierre et de Marat d'imposer des chaînes aux catholiques, ils ne seraient satisfaits qu'en faisant rouler les têtes sur l'échafaud.

Généralement parlant, il est on ne peut plus important pour la liberté, pour la dignité, pour la perfection morale d'un peuple, que l'autorité spirituelle et l'autorité temporelle ne soient pas réunies dans les mêmes mains, à moins que celui qui a l'autorité spirituelle suprême, le pape, ne prouve, par des titres irrécusables, ses droits divins à cette autorité, et qu'il soit également irrésistiblement prouvé que son autorité temporelle, providentiellement et divinement instituée sur ce petit Etat, tout en étant avantageuse à ce petit Etat, est surtout nécessaire pour l'indépendance du chef de l'Eglise et le bien spirituel de tous les Etats catholiques. L'énorme différence qu'il y a entre l'autorité spirituelle suprême du pape et celle que se sont arrogée certains gouvernements, c'est que celle du pape est invinciblement démontrée divine, tandis que celle des souverains qui se sont faits chefs de la religion est évidemment usurpée ; ils ne peuvent pas y croire sérieusement eux-mêmes, et il me semble difficile que la reine d'Angleterre puisse, sans rire, prescrire des jeûnes et remplir les fonctions de papesse. Quant aux sujets, s'ils sont éclairés et instruits, ils ne croiront pas plus à l'autorité de la reine que la reine n'y croit elle-même, et cela au grand détriment de la religion ; pour les gens du peuple, l'ignorance et les préjugés de l'éducation peuvent les porter à se laisser conduire au spirituel comme au temporel, au grand préjudice non-seulement de la religion, mais même de la liberté et de la dignité morale. Les hommes sont bien pris, quand ils sont tenus tout à la fois par le corps et par l'âme, comme cela arrive en Chine, en Turquie, en Russie aussi bien qu'en Angleterre. C'est alors que la religion n'est plus qu'un moyen et un instrument de politique.

Au reste, si on excepte les rois vraiment catholiques, tous les gouvernements civils ont, je ne dirai pas usurpé entièrement et brutalement l'autorité spirituelle, mais du moins fréquemment empiété sur son domaine, tout en reprochant à l'Eglise de se mêler du temporel, reproche qu'on serait bien embarrassé de prouver, si on le fait tomber sur des actes de l'Eglise elle-même, et non pas sur des ecclésiastiques en particulier.

D'ailleurs, les reproches qu'on pourrait faire à des membres du clergé, les abus qui ont pu exister dans l'Eglise, qui y a donné lieu, sinon la plupart du temps les gouvernements temporels, en gênant l'action de l'Eglise, en entravant sa discipline, en s'opposant à la tenue des conciles ou en les retardant, en favorisant des conciliabules hérétiques ou schismatiques, en nuisant à la liberté des élections, en jetant dans le clergé et en faisant parvenir aux honneurs et aux dignités leurs créatures, des ambitieux, des hommes sans vocation et souvent même vicieux? Quel mal n'ont pas fait à l'Eglise, du temps de l'arianisme, les empereurs de Constantinople, plus tard les empereurs d'Allemagne, puis les rois d'Angleterre, tels que Henri VIII et Elisabeth, les souverains de France, comme Louis XV et le Régent, ainsi que nos assemblées souveraines, comme les parlements, qui voulaient dogmatiser trop souvent du temps du jansénisme, et nos assemblées de la révolution? Oui, si l'Eglise eût été libre, je le répète, elle eût été la plus puissante tutrice de toutes les vraies et bonnes libertés ; par le bien qu'elle a fait aux sociétés modernes, par le mal qu'elle a empêché, on peut juger de ce qu'elle aurait fait si le monde et les puissances du monde n'eussent pas sans cesse travaillé à paralyser son action et à y substituer celle des passions. Sans doute Dieu n'a jamais abandonné son Eglise : elle a toujours maintenu l'empire de la vérité ; mais Dieu a permis que l'erreur et le mal prévalussent en certains temps et en certains lieux, pour punir l'abus qu'on faisait de ses grâces, comme il en a fait plusieurs fois la menace. Les puissances du monde et les personnes qui ont son esprit sont singulières : elles affectent un beau zèle, elles s'élèvent avec violence contre les abus qu'elles prétendent voir dans l'Eglise; ces abus, ceux du moins qui sont réels, sont leur ouvrage. Qu'elles laissent l'Eglise libre, qu'elles ne s'efforcent pas d'introduire la corruption dans son sein, qu'elles lui permettent de travailler sérieusement à réformer les sociétés chrétiennes, et bientôt le monde changera d'aspect, et nous reverrons les beaux jours du christianisme. Mais non ; on semble au contraire voir avec une joie maligne des abus et des torts dans le clergé, pour avoir le plaisir de les exagérer; on ira même jusqu'à les fomenter, afin de pouvoir ensuite s'en faire un prétexte pour ôter à l'Eglise sa liberté ou pour la restreindre. Imitateurs de Julien l'Apostat, qui, s'étant aperçu que les persécutions sanglantes n'avaient servi qu'au triomphe de l'Eglise, s'efforça de rendre les chrétiens méprisables en leur interdisant les études littéraires, nos impies modernes s'évertuent aussi à ravaler le clergé et les catholiques en les signalant comme étrangers à la science moderne, qu'ils exaltent au suprême degré : science cependant toute matérielle et à laquelle on pourrait même très-légitimement refuser le nom de science, car qui dit science dit connaissance certaine; or, quelles connaissances certaines peuvent avoir les libres penseurs, qui sont presque tous sceptiques et athées. On pourrait même très-légitimement leur contester leur titre de libres penseurs ; car quel fond peuvent-ils faire sur leurs pensées, puisqu'ils ne savent d'où elles viennent; puisque l'existence de Dieu mise de côté, toute supposition, même celle du dualisme, du bon et du mauvais principe est possible; ils ne peuvent donc s'appeler penseurs, d'autant plus qu'au jugement des hommes raisonnables ils ont des pensées si extravagantes qu'on voit bien qu'elles sont le fruit de leur imagination et de leurs passions : aussi en changent-ils aussi facilement que d'habits. En pensant matérialisme et athéisme, ils croient se mettre à la mode ; ils pensent comme les moutons vont boire, en sorte qu'ils ne sont pas plus libres qu'ils ne sont penseurs ; ils ne sont donc ni libres, ni penseurs : jamais dénomination plus fausse.

Vous avez beau faire, messieurs les impies, tous vos efforts pour déconsidérer l'Eglise catholique sous le rapport de la science, des talents, de l'éloquence, de toutes les connaissances humaines et pour la présenter comme la mère de l'ignorance : votre tentative n'est que ridicule. Où trouverez-vous une réunion d'orateurs éloquents comme ceux de l'Eglise, dans tous les siècles jusqu'au nôtre, depuis les Pères de l'Eglise, les Ambroise, les Chrysostome, les Basile, les Grégoire de Nazianze, jusqu'aux Bossuet, aux Fénelon, aux Bourdaloue, aux Massillon? De nos jours même, quels orateurs pris dans vos rangs pourriez-vous comparer aux Frayssinous, aux Ravignan, aux Lacordaire, aux P. Félix? Quels vrais philosophes, quels penseurs profonds trouverez-vous parmi les incrédules que vous puissiez mettre en parallèle avec ceux qui, en si grand nombre, ont illustré l'Eglise? Pour n'en citer que quelques-uns, tels que les Augustin, les Thomas d'Aquin, et, dans des temps plus voisins, les Pascal, les de Bonald, les de Maistre. Remarquez que tous ces génies ont défendu et mis en lumière les mêmes vérités, les vérités qui assurent la gloire et le bonheur des individus et des peuples. Les hommes au contraire qui, parmi les impies, ont abusé de grands talents ne s'entendent que pour détruire ; ils n'ont que des doctrines négatives, c'est-à-dire qu'ils n'ont point de doctrines : dès qu'ils cherchent à établir quelque chose, ils n'enfantent que des systèmes contradictoires. Aussi, quelle influence ont-ils exercée sur leur siècle et sur la postérité? L'influence la plus regrettable, la plus funeste. Des érudits, en trouverez-vous chez vous de la force des Mabillon, des Baronius, des savants Pères bénédictins ou Pères jésuites? Avec toute votre science, quand vous voulez attaquer la religion, en vous couvrant d'une apparence d'érudition, vous allez chercher chez ces savants des objections sans prendre les réponses. Dans les sciences naturelles, physiques, mathématiques, chimiques, qui demandent surtout un esprit d'observation, les catholiques, et particulièrement les ordres religieux, présentent des légions de savants, qui non-seulement ont été à la hauteur de la science de leur temps, mais qui lui ont fait faire des progrès. Quant à la littérature et à la poésie, croyez-vous que vos chefs-d'œuvre, surtout ceux de ce temps, puissent faire oublier Corneille, Racine et même Châteaubriand ? Lamartine et Victor Hugo eux-mêmes ont-ils gagné à se rapprocher de vous ? N'est-ce pas aux inspirations chrétiennes qu'ils doivent ce qu'ils ont publié de plus beau ? Enfin, si nous considérons le talent de communiquer les connaissances, les colléges libres le cèdent-ils aux lycées ? S'en aperçoit-on aux examens pour les grades ? Et c'est après des services si nombreux et si éminents rendus dans tous les genres par l'Eglise catholique aux lettres et aux sciences, c'est à la vue de cette nomenclature innombrable de grands hommes qui, dans son sein, les ont fait fleurir, qu'on pourrait avoir l'impudence de l'accuser de fomenter l'ignorance, et d'être l'ennemie des sciences, des lettres et des arts, qui lui doivent également tant de chefs-d'œuvre !

Mais ce n'est pas seulement sous le rapport des talents de l'esprit et des connaissances humaines, que l'Eglise présente le corps le plus imposant et le plus admirable qu'on puisse trouver dans le monde ; c'est surtout sous le rapport de toutes les vertus les plus parfaites et les plus héroïques qui y ont été sans cesse pratiquées, dans tous les âges, par tous les sexes et dans toutes les conditions ; c'est principalement sous ce rapport que l'Eglise s'offre à nous comme la fille du ciel. A l'exemple de son divin Auteur, elle passe au milieu des hommes en faisant le bien, et en créant, suivant le besoin des temps, des institutions admirables pour guérir ou soulager toutes les misères humaines.

Après avoir étonné le monde par trois siècles d'héroïsme, au milieu des plus cruels supplices, après lui avoir arraché un long cris d'admiration à la vue de l'innocence et de la charité qui régnaient parmi ses enfants, *voyez*, disaient les païens, *comment ils s'aiment !...* l'Eglise a eu la consolation de voir la croix monter au Capitole, orner la couronne du grand Constantin et briller sur l'étendard de ses légions. Le christianisme triomphe, mais il aura longtemps encore à lutter contre les restes du paganisme, et jusqu'à la fin des temps, contre l'esprit du monde et du prince de ce monde, esprit si opposé à celui de l'Evangile. Suivez l'Eglise à travers les siècles, vous la trouverez sans cesse appliquée à faire pénétrer progressivement dans les institutions des peuples convertis, dans leurs lois, la justice, la douceur, l'honnêteté, qui prennent la place de l'injustice, de la barbarie, de l'immoralité, qui trop souvent souillaient les législations des peuples païens. L'Eglise est l'âme, pour bien dire, de tout le bien qui s'est fait dans le monde depuis la prédication de l'Evangile. Elle a sans cesse travaillé à la sanctification des rois et de leurs peuples, à celle de tous les âges et de toutes les conditions. Quel touchant spectacle présenterait le monde, si tous les rois eussent marché sur les traces des souverains vraiment chrétiens, en s'appliquant à faire régner la religion sur leurs peuples ! On aurait vu alors partout la réalisation de ces paroles de l'Evangile : *Cherchez avant tout le royaume des cieux et sa justice, et tout le reste vous sera donné par surcroît.* Quels ont été en effet les gouvernements et les règnes qui ont laissé dans l'âme des peuples un long et pieux souvenir de reconnaissance, sinon les gouvernements vraiment religieux, les règnes des rois qui se sont distingués par la pratique de toutes les vertus chrétiennes, tels que les Théodose, les Charlemagne et tous ceux que l'Eglise a canonisés, comme saint Louis, saint Etienne, saint Ferdinand, saint Henri, saint Casimir et saint Edouard. En lisant l'histoire, l'âme, fatiguée du récit des crimes et des malheurs des rois, des grands et des peuples, se repose au récit touchant de la vie de ces bons et vertueux princes.

L'Eglise, dans sa longue existence, a sans cesse travaillé à prévenir le mal ou à le guérir, et à propager le bien. Après avoir tiré du sein même de l'empire romain, qui tombait en pourriture, après en avoir tiré des vertus in-dividuelles aussi parfaites et aussi héroïques que celles que nous admirons dans les premiers chrétiens, elle forme des populations qui échappent à cet empire en ruine, des nations nouvelles, dont elle imprègne la législation des principes chrétiens : ces législations deviennent en peu de temps bien supérieures aux législations matérielles des païens. Mais bientôt la Providence amène à l'Eglise d'autres peuples à convertir, les barbares du nord, qui viennent pour être à l'égard de l'empire romain les exécuteurs des hautes œuvres de la justice divine, et devenir eux-mêmes, par le moyen de l'Eglise, les objets de la miséricorde de Dieu. A force de patience, de douceur, de charité et de dévouement, l'Eglise triomphe enfin de la férocité de ces barbares ; elle les fait tomber au pied de la croix ; au nom de la paix de Dieu, elle suspend d'abord leurs vengeances, en attendant qu'elle puisse les proscrire tout à fait, et y substituer des prodiges innombrables de charité et de pardon des injures. Mais, c'est surtout sur les mœurs que l'Eglise agit en inspirant l'amour de Dieu et du prochain, qui tend sans cesse à tuer dans les âmes l'égoïsme païen ; elle le combat avec succès par le détachement qu'elle inspire pour les biens de ce monde à beaucoup de ses enfants, au point de les porter à vendre tout ce qu'ils possèdent et à le distribuer aux pauvres, afin d'être libres de se donner eux-mêmes tout entiers à Dieu et au prochain. Quelle influence n'a pas dû avoir sur les mœurs publiques cette armée de vierges qui renonçaient à toutes les jouissances du monde, pour ne plus goûter que la jouissance céleste d'aimer Dieu et de se dévouer à toutes les souffrances, miracle de vertu qui s'est perpétué jusqu'à nos jours, et qui s'y perpétue toujours de plus en plus. Que dirons nous enfin de la famille chrétienne, cette autre création de l'Eglise, qui suffirait toute seule pour nous faire sentir profondément dans le cœur que l'autorité qui l'a formée est une autorité divine? Est-il rien en effet qui puisse nous offrir une plus parfaite image de la félicité du ciel, que le spectacle d'une famille chrétienne, où les âmes s'unissent et s'embrassent dans un mutuel amour? Dans ces familles, de quelle vénération, de quelle tendre piété filiale les enfants environnent les auteurs de leurs jours ; comme on va au-devant de leurs moindres désirs ! Quel accord, quelle union entre les frères et sœurs, que le mien et le tien ne divisent jamais !

L'Eglise, dirigée par son divin Epoux et imitant la sagesse de Dieu, qui tend fortement à son but, mais qui met une grande douceur dans l'emploi des moyens, *attingit a fine usque ad finem fortiter, et disponit omnia suaviter;* l'Eglise, dis-je, se propose constamment l'amélioration des individus et des sociétés ; elle tire le meilleur parti possible des hommes et des circonstances : c'est ainsi qu'elle a adouci le sort des serfs, en attendant qu'elle pût faire tomber tout-à-fait l'esclavage ; de même elle a suspendu la fureur des partis et modéré l'emploi des armes par la trève de Dieu, quand elle n'a pu tout-à-fait les arracher aux mains de ses nouveaux enfants encore à demi-sauvages. C'est elle qui à la longue a fondé le droit des gens des nations chrétiennes, ce droit de la guerre, si différent de celui des païens, qui semble résumé dans ces terribles paroles : *Væ victis;* « Malheur aux vaincus. » Les guerres se terminaient ordinairement chez les païens, ou par l'extermination de la nation vaincue, ou par l'esclavage, ou par la perte de la nationalité. Hélas! ces caractères violents et inhumains de la guerre semblent de nos jours tendre à reparaître à mesure que l'esprit chrétien s'affaiblit, comme on peut le voir par la guerre cruelle que viennent de se faire les Etats du Nord et les Etats du Sud de l'Amérique, par la guerre de la Russie contre la Pologne et par celle de la Prusse contre l'Allemagne. C'est à l'action de l'Eglise, aux leçons et surtout aux exemples qu'elle met sans cesse sous les yeux, qu'est due la formation de ce beau caractère, le plus beau peut-être que puisse voir la terre, le caractère du héros chrétien, qui est le résultat de la valeur guerrière unie aux vertus religieuses. Ce caractère, nous le trouvons en plein dans une foule de guerriers chrétiens qui ont marché sur les traces des Machabées, comme saint Maurice à la tête de la légion thébaine, saint Victor, saint Sébastien, Godefroy de Bouillon à la tête des croisés, et, dans des temps plus rapprochés de nous, un maréchal de Boucicault, un Bayard, un Turenne, et, de nos jours même, le maréchal Saint-Arnauld, donnant l'assaut à Sébastopol presque mourant et après avoir communié, un général Dufour, modèle de fidélité, consacrant les dernières années de sa vie à l'exercice de toutes les vertus chrétiennes.

C'est aussi la foi chrétienne qui a formé ces magistrats si distingués par leur intégrité, par la simplicité de leurs mœurs, par leurs vertus domestiques, par leur piété. N'est-ce pas encore la religion qui fait du médecin chrétien un homme si vénérable, qui se passionne pour le soulagement de ses malades, des pauvres surtout, et qui fait de son art un véritable apostolat? C'est la religion encore qui propose à tous les supérieurs l'exemple de Celui qui est notre Maître à tous, de Jésus-Christ notre Sauveur, à genoux devant les apôtres pour leur laver les pieds; de la sorte, la religion semble, par un seul mot, celui de serviteur des serviteurs de Dieu, rappeler aux supérieurs, d'une manière sublime et bien touchante, l'abrégé de tous leurs devoirs envers leurs inférieurs; c'est le beau idéal du dévouement et de la vraie grandeur. C'est aussi la religion qui ennoblit si fort l'obéissance, en nous faisant voir Dieu même dans notre supérieur, qui le représente, en nous faisant, par cette vertu, offrir à Dieu le plus généreux et le plus beau sacrifice que nous puissions lui offrir, celui de notre volonté propre; par là nous remportons aussi sur nous-mêmes une victoire qui en assure bien d'autres : *Vir obediens loquetur victorias;* « par cette victoire nous brisons les chaînes du plus honteux esclavage; » car le pire de tous les esclaves, c'est celui qui est esclave de soi-même. C'est la religion qui établit des rapports si touchants entre les riches et les pauvres, en relevant singulièrement aux yeux des riches les personnes des pauvres, qu'elle leur présente en quelque sorte comme sacrées, au service desquelles les riches doivent s'estimer très-heureux de se dévouer; c'est la magnifique idée que développe Bossuet dans son beau sermon sur l'éminente dignité des pauvres, sermon dans lequel il les représente comme formant la noblesse de l'Eglise. Il dit de plus, entre autres choses, que les riches et les pauvres doivent mutuellement se décharger de leur fardeau; les riches en supportant le fardeau des pauvres, leur pauvreté, et les pauvres en déchargeant les riches de celui de leurs richesses, qui est encore plus embarrassant et plus redoutable pour eux. Sont-ce là les dispositions que nos libres penseurs nourrissent dans les âmes des riches et des pauvres? Hélas! leurs discours ne tendent au contraire qu'à les précipiter les uns sur les autres. Je vois ces grands prédicateurs d'égalité, de fraternité, se faire de belles fortunes avec leurs journaux socialistes, humanitaires, et avec les livres qu'ils composent pour amuser, c'est-à-dire pour corrompre le peuple ; mais je n'en vois pas qui vendent leurs biens pour les donner aux pauvres, ni qui se réduisent à une vie de privations et de souffrances, pour diminuer celles de leurs frères ; à plus forte raison, on n'en trouve pas qui se résignent à passer leur jeunesse et leur vie tout entière à soigner, à panser les plaies les plus dégoûtantes ; on fait de belles phrases sur l'égalité et la fraternité, tout en ne songeant qu'à satisfaire son ambition, à s'élever au-dessus les uns des autres, et à se distraire de la vue des misères d'autrui en se plongeant dans toutes sortes de voluptés. Ah ! la vraie, la bonne égalité, la vraie fraternité, c'est l'Eglise qui les a enseignées au monde et qui les lui enseigne encore, non-seulement en paroles, mais par de continuels et touchants exemples. Trouvez, si vous le pouvez, un genre d'affliction auquel l'Eglise n'ait préparé des consolations ; comptez aussi, si vous le pouvez, les héros chrétiens qui, à la suite des saint Jean de Dieu et des saint Vincent de Paul, n'ont vécu que pour les malheureux.

Mais, c'est assez ; je n'étendrai pas davantage ce tableau des services de tout genre rendus au monde par l'Eglise, et des immenses bienfaits spirituels et temporels prodigués aux hommes par la religion catholique ; il faudrait, pour en faire l'histoire un peu complète, bien des volumes, et ces volumes d'ailleurs ont été faits.

Qu'oppose-t-on à cette multitude de titres par lesquels l'Eglise réclame à bon droit la reconnaissance et la vénération des hommes, et se montre évidemment à eux comme la fille du ciel ? Ses ennemis, c'est-à-dire ceux qui la dénigrent et qui ne veulent point venir à elle, précisément parce qu'elle est sainte, ne lui opposent que des abus, des désordres qui ne sont pas son ouvrage ; mais bien celui des partisans du monde. Ces partisans du monde appartiennent peut-être bien encore au corps de l'Eglise, parce que cette bonne mère, en attendant leur retour, ne les en a pas retranchés ; mais dans le fond ils ne sont plus réellement disciples de Jésus-Christ ; ils ne sont plus chrétiens ni catholiques, dans la force du terme. Ainsi, c'est sur eux que doivent retomber les reproches qu'ils font à l'Eglise. On peut donc dire que les mauvais chrétiens, quels qu'ils aient été, qu'ils se soient même couverts du manteau de la religion pour satisfaire leurs passions et leurs vices, qu'ils aient été même revêtus de l'habit religieux ou ecclésiastique, n'en ont pas été plus chrétiens pour cela, et ils n'en ont été que bien plus coupables ; car ils n'ont été que de misérables hypocrites ou des scandaleux, espèce de pécheurs sur lesquels tombent les plus véhémentes apostrophes de Jésus, la bonté même, et contre lesquels l'Eglise a fait elle-même les lois les plus sévères.

On reproche à l'Eglise des abus qui ont été le résultat du malheur des temps et d'un fâcheux concours de circonstances, abus dont l'Eglise était non-seulement bien innocente, mais qu'elle a seule travaillé à diminuer et à corriger. Ainsi on fait grand bruit de l'ignorance de quelques siècles du moyen-âge, du dixième en particulier (*Voir* les notes 2, 3 et 4) ; mais cette ignorance a été la suite naturelle et inévitable de l'interruption des études, occasionnée par l'invasion des barbares et par les guerres de la féodalité. C'est dans l'Eglise au contraire, et surtout dans les monastères que s'était réfugié le goût de l'étude, le soin de conserver les monuments de la science sacrée et profane ; et sans le zèle des religieux, avant l'invention de l'imprimerie, pour transcrire les ouvrages des anciens, les chefs-d'œuvre que nous ont laissés les siècles littéraires, nous, qui sommes si fiers de nos progrès, nous ne serions probablement pas plus avancés que les peuples qui le sont le moins dans le monde. D'ailleurs ces siècles, qu'on prétend avoir été plongés dans des ténèbres si profondes, nous ont laissé des compositions qui ne sont point à dédaigner ; notamment le dixième siècle nous a légué, en grec et en latin, en prose et en vers, de petits drames religieux qui sembleraient avoir été écrits dans des temps meilleurs, et cependant ils sont l'œuvre d'un humble religieux de ce même siècle. Les plus fortes élèves de M. Duruy, malgré les soins que l'on donne à leur instruction, seraient peut-être bien embarrassées d'en faire autant.

Et la féodalité, la noblesse, dit-on encore, combien d'abus n'ont-elles pas entraînés après elles ? Est-ce l'Eglise qui avait créé ces institutions politiques ? Elle n'est intervenue que pour condamner les violences et les injustices, pour inspirer des sentiments chrétiens aux suzerains et aux vassaux, aux nobles et à ceux qui dépendaient d'eux. Il y avait de bons seigneurs, comme il y avait de bons roturiers ; le château était loin d'être toujours l'ennemi de la chaumière : il en était souvent la ressource. Combien de grandes dames parvenues de notre temps auraient besoin d'apprendre, en lisant la vie de sainte Elisabeth, reine de Hongrie, et de sainte Françoise, dame romaine, comment on doit traiter avec le peuple, surtout avec les pauvres et les malades. C'est l'Eglise qui avait fait naître la chevalerie et qui inspira aux chevaliers, tant qu'ils conservèrent son esprit, ce dévouement généreux aux faibles et à tous ceux qui souffraient l'oppression. C'est de cet esprit, et surtout de la foi vive qu'elle entretenait dans les âmes, que sont nées les croisades, qui ont donné lieu à tant de prodiges de valeur, de magnanimité, et dont les résultats généraux ont été si avantageux à l'Europe. Sans ces expéditions religieuses et guerrières, elle serait tombée sous le joug de l'islamisme et dans un état semblable à celui de la Turquie.

Quant aux maux qu'ont entraînés les guerres de religion, on ne peut pas davantage les imputer à l'Eglise. L'Eglise s'est toujours bornée à proclamer invariablement la vérité catholique, comme c'était son droit et son devoir ; car si elle ne l'eût pas fait, elle n'eût pas été une autorité divine. Mais les violences, les voies de fait à main armée sont toujours venues des hérétiques et des schismatiques ; les catholiques ne faisaient que se défendre ; et l'Eglise, par l'organe de ses plus saints pasteurs, n'intervenait que pour calmer la fureur des partis, ou même pour accueillir et protéger dans les palais de nos évêques les victimes du fanatisme et de la politique de Catherine et de Charles IX.

Quand la noblesse, oubliant sa mission, qui consiste à être un corps puissant et indépendant entre le prince et le peuple, chargé de défendre les bonnes libertés et les droits de la nation, ainsi que de lui donner de grands exemples de vertu, quand, dis-je, la noblesse se laissa entraîner dans les cours qui la corrompirent et en firent, à d'honorables exceptions près, un vil troupeau de voluptueux et de flatteurs, où cette noblesse trouva-t-elle, ainsi que les rois eux-mêmes, des censeurs austères de leurs désordres? N'est-ce pas dans les chaires chrétiennes et dans la bouche des grands orateurs de l'Eglise, des Bourdaloue, des Massillon et des Bridaine?

Au reste, à côté du mal, Dieu oppose ordinairement l'édifiant contraste du bien. Ainsi le digne élève de Fénelon, le duc de Bourgogne, dont l'archevêque de Cambrai avait fait un prince si parfait, donnait, avec ses amis, des exemples bien propres à diminuer la triste influence des scandales de Louis XIV; ce prince même fut touché de ces exemples, et ils contribuèrent certainement à sa conversion. De même à côté des désordres scandaleux de Louis XV, brillaient les vertus si pures de ses filles, celles si touchantes de son épouse, Marie Leczinska; puis l'admirable dauphin, qui eut donné à la France un prince si instruit et si accompli, le dauphin, avec sa petite société si digne de lui, n'élevait-il pas sans cesse, par sa conduite édifiante et indépendante, une réclamation bien éloquente contre les dérèglements de la cour? Et les vertus, et les cruelles épreuves, et la mort si héroïque de l'infortuné Louis XVI, ainsi que les vertus et la mort sublime de son angélique sœur, et le glorieux martyre de tant de victimes innocentes de la révolution, n'ont-ils pas été un contre-poids bien fort aux crimes et aux horreurs de cette révolution impie et sanguinaire?

Au reste, Dieu lui-même, par les terribles châtiments qu'il a déjà tirés de la guerre qu'on fait depuis si longtemps à son Eglise, soutient la foi des bons et confirme cette maxime de l'Ecriture : *Justitia elevat gentem, miseros autem facit populos peccatum ;* « la justice élève les nations, mais le péché les rend malheureuses. » Que les peuples, s'ils ne reviennent pas à la foi, craignent des punitions plus redoutables encore, comme malheureusement trop de symptômes semblent nous en menacer. O mon Dieu! ramenez notre patrie, en particulier, à la foi de nos pères et à la pratique des vertus chrétiennes, et nous trouverons alors, mais seulement alors, la vraie liberté, la liberté des enfants de Dieu et le vrai bonheur. *Fiat! fiat!*

NOTE 1.

Dans l'interminable discussion qui vient d'avoir lieu au Corps
législatif sur la liberté de la presse, tout en se montrant fort into-
lérant à l'égard des opinions de ceux qui ne partageaient pas celles
qu'on soutenait soi-même, on a parlé sans cesse de la liberté des
opinions, et jamais de la liberté de la vérité, ou plutôt de la domination qu'elle devrait exercer sur tous les esprits ; il devrait en effet
lui suffire de se montrer pour être admise sans contestation, comme
une reine légitime, qui, tout en se présentant à ses sujets, reçoit
leurs hommages. Mais, hélas ! cette royauté de la vérité, elle a perdu
son prestige comme toutes les autres. Les Français, en bien trop
grand nombre, sont devenus une nation, disons mieux, une troupe de
chercheurs, qui, surtout à l'égard des vérités les plus importantes,
sont toujours disposés à demander comme Pilate : « Qu'est-ce que la
vérité ? » Mais, comme l'esprit de l'homme ne peut rester sans
s'attacher à quelque chose, après avoir rejeté les vérités les plus
essentielles et les mieux établies, il se crée des opinions très-
contestables, qu'il soutient par intérêt ou par passion, avec une
ardeur proportionnée à la haine qu'il nourrit contre la vérité absolue,
ennemie des passions.

L'opinion, dit-on, est la reine du monde ; si c'est une reine, c'est
une reine dont les sujets sont sans cesse en guerre civile, et son trône
n'est guère solide ; car l'opinion d'aujourd'hui ne sera probablement
pas celle de demain. On parle d'opinion publique ; mais je dis qu'il
n'y en a point d'opinion publique, ou plutôt qu'il y a au moins autant
d'opinions publiques qu'il y a de journaux, et Dieu sait s'ils pullulent.
Que dis-je, autant d'opinions que de journaux ; il faudrait peut-être
dire autant qu'il y a de lecteurs de journaux ; car, si chaque journal
aspire à réformer la France et peut-être le monde d'après ses idées,
chaque lecteur croit pouvoir réformer son journal et trouve ou qu'il
va trop loin, ou qu'il ne va pas assez loin. On peut donc dire qu'il y
a autant d'opinions que de têtes, et que si nous n'avons pas le règne
de l'opinion, nous avons déjà un assez bel essai de l'anarchie des
opinions.

Quoiqu'il y ait déjà un si grand nombre de journaux, on se plaint
de ce qu'il n'y en a pas encore assez, qu'il faut en multiplier le
nombre, pour éclairer le peuple. Eclairer le peuple, et sur quoi ?
Quelle doctrine claire et certaine, surtout bien morale, avez-vous à
lui apporter ? Mettez vous d'abord d'accord entre vous, avant de vouloir
régenter le peuple. On est d'accord, dites-vous, sur les points princi-
paux ; c'est-à-dire vous vous accordez pour demander l'éloignement

de tout bien, ou autrement la licence ; vous savez bien ce dont vous ne voulez pas, mais vous ne savez pas ce que vous voulez. Depuis que le peuple ne lit plus que vos journaux et vos livres, et qu'il ne lit plus guère de bons livres, il a perdu son bon sens d'autrefois ; quand vous aurez multiplié encore les journaux, et qu'il y en aura pour tous les cabarets et pour toutes les tavernes, tous ces cabarets seront transformés en chambres de députés, qui nous représenteront l'image fidèle des séances du Corps législatif ; ils ne se disputeront ni plus fort ni plus grossièrement.

Vous voulez surtout éloigner de vos lois l'élément religieux ; si vous arrivez à vos fins et si vous parvenez à rendre le peuple tout-à-fait impie, c'est alors qu'il deviendra tout-à-fait ingouvernable, qu'il se déchirera de ses propres mains, et qu'éclatera une révolution bien plus terrible que la première ; c'est alors que ceux qui crient aujourd'hui si haut : liberté, liberté, s'ils parvenaient une fois au pouvoir, nous donneraient probablement, avec progrès, une nouvelle représentation de la tolérance de la Convention.

Jugurtha quittant Rome, où il s'était fait des partisans avec son argent, s'écria : « O ville vénale, tu serais bientôt à qui voudrait t'acheter. » Peut-être pourrait-on déjà appliquer ces paroles aux nations modernes, presque uniquement sensibles aux intérêts matériels ; mais à coup sûr, on pourrait dire d'elles, et en particulier de la nôtre : « O nation discoureuse, tu serais bientôt au premier beau parleur qui saurait te séduire par ses sophismes et par ses paroles flatteuses. »

NOTE 2.

Saint Bernard de Menthon fonda des établissements qui conservent son nom, et dont l'impiété elle-même a reconnu l'utilité publique. Cet homme apostolique, témoin des dangers que couraient les voyageurs au milieu des neiges et des glaciers des Alpes, fonda deux couvents devenus célèbres par la généreuse hospitalité qu'y reçoivent aujourd'hui encore ceux qui traversent le Grand et le Petit Saint-Bernard. Combien de ces voyageurs ont dû la vie au dévouement héroïque de ces bons religieux de saint Bernard, qui, à chaque instant, exposent la leur pour sauver celles d'hommes qui ordinairement leur sont inconnus, mais en qui ils voient des frères en Jésus-Christ. Voilà une œuvre de ce dixième siècle, le moindre, il est vrai, des siècles chrétiens ; néanmoins, que les héros philosophiques et humanitaires nous présentent une seule de leurs œuvres qu'ils osent mettre en parallèle, et surtout pour laquelle ils exposent journellement leurs jours, comme le font ces fanatiques de la charité, qui de plus, en vivant dans ces parages, ont la certitude d'abréger leur existence au moins de dix ans.

NOTE 3.

Une autre gloire du dixième siècle s'épanouissait, sous l'œil de Dieu, dans la solitude du monastère de Gendershein. Une simple et modeste religieuse, Roswitha, dont nous parlions tout à l'heure, produisait des œuvres, longtemps enfouies dans la poussière des bibliothèques claustrales, qui viennent d'être mises en lumière et saluées par les acclamations des littérateurs du dix-neuvième siècle. Sans sortir de sa pieuse retraite, elle apprit le latin, le grec, la philosophie d'Aristote, la musique, la poésie et les arts libéraux. Ses uniques maîtres furent deux religieuses du même monastère. Le siècle de Louis XIV lui-même n'eût-il pas envié ce phénomène littéraire ? La religieuse de Gendershein ne vit point l'éclat de la gloire couronner sa science ignorée ; ses vers s'exhalèrent de son cœur comme le parfum des fleurs au désert. Ses poésies se rapportent à deux genres fort différents : l'histoire et le drame. Voici comme elle s'exprime elle-même dans la préface de ces petits poèmes : « Voici, dit-elle, un petit livre dont la diction est peu ornée sans doute, mais auquel du moins n'ont pas manqué le zèle et l'application de l'auteur. Je n'ai du reste eu d'autre but que d'empêcher le faible talent qui m'a été confié de se rouiller dans l'inaction. J'ai voulu le forcer à rendre, sous le marteau de la dévotion, quelques sons harmonieux à la louange de Dieu. » Les pièces de poésie de Roswitha, composées pour des religieuses, sont consacrées au triomphe de la virginité. « Je me suis efforcée, dit-elle, selon les facultés de mon faible génie, de substituer aux passions du paganisme les victoires des héroïnes chrétiennes, des chastes épouses qui sont admises aux noces de l'Agneau. » L'humble religieuse de Gendershein employait son talent à l'édification de ses sœurs, sans se douter que ses inspirations poétiques vaudraient un jour à son nom l'immortalité de la littérature. Elle y préférait de beaucoup l'immortalité du ciel.

NOTE 4.

La cinquième époque de l'histoire de l'Eglise renferme la période la plus brillante du moyen-âge. C'est le temps des grandes œuvres de nos cathédrales gothiques, de la chevalerie et des croisades. Les souverains pontifes deviennent les tuteurs des rois, le soutien des empires, les défenseurs des peuples. Toutes les institutions chrétiennes font d'admirables progrès ; les écoles se multiplient. Des docteurs illustres, des saints, dont la renommée universelle illumine le siècle et l'environne d'un rayonnant éclat, lèguent à la postérité l'admiration de leur génie et de leurs vertus. Au début du onzième siècle, les grands hommes et les grands saints consolent l'Eglise de sa trop longue stérilité. Au-dessus de tous ses grands et pieux personnages, s'élève la belle figure historique du pape Sylvestre II, le premier Français qui ait eu la gloire de monter sur le trône de saint Pierre. Gerbert, c'était son nom, était né d'une obscure famille, qui le fit élever par charité dans le monastère de Saint-Géraud. Il dut son élévation à son seul mérite. Le premier pape fut choisi parmi les pêcheurs de Galilée, et plus d'une fois cette éminente dignité fut illustrée par des hommes sortis des conditions les plus humbles. L'Eglise, dans le cours de son développement à travers les siècles, demeure fidèle aux origines de sa divine institution. Gerbert, prince de la science, philosophe, mathématicien, musicien, archevêque de Reims et de Ravenne, enfin pape sous le nom de Sylvestre II, résuma en lui par son génie, et développa, en les appliquant dans la vie pratique, tous les éléments de progrès que possédait le dixième siècle; il fut, comme tous les grands hommes, la personnification de son époque. Gerbert avait acquis une érudition prodigieuse pour son temps. L'étendue de ses connaissances l'avait rendu le savant le plus distingué du siècle, avant que la dignité pontificale le plaçât à la tête du monde. Le premier, il apporta dans l'Europe occidentale l'usage des chiffres arabes, qu'il avait appris des Maures dans un voyage en Espagne. Il construisit, pour l'église de Magdebourg, la première horloge à bascule. Les sciences exactes plaisaient surtout à Gerbert. Il était allé les étudier à l'université de Cordoue. Là, pendant plusieurs années, il acquit dans la chimie, la mécanique et les diverses branches des mathématiques des connaissances profondes. Il inventa, dit-on, un orgue, dont la vapeur mettait les touches en mouvement. Il n'avait pas, pour ces différentes inventions, les ressources qu'ont nos savants modernes, qui peuvent profiter des découvertes de ceux qui les ont précédés.

(Ces trois dernières notes sont extraites de l'histoire ecclésiastique de l'abbé Darras.)

BESANÇON, IMPRIMERIE DE J. BONVALOT.